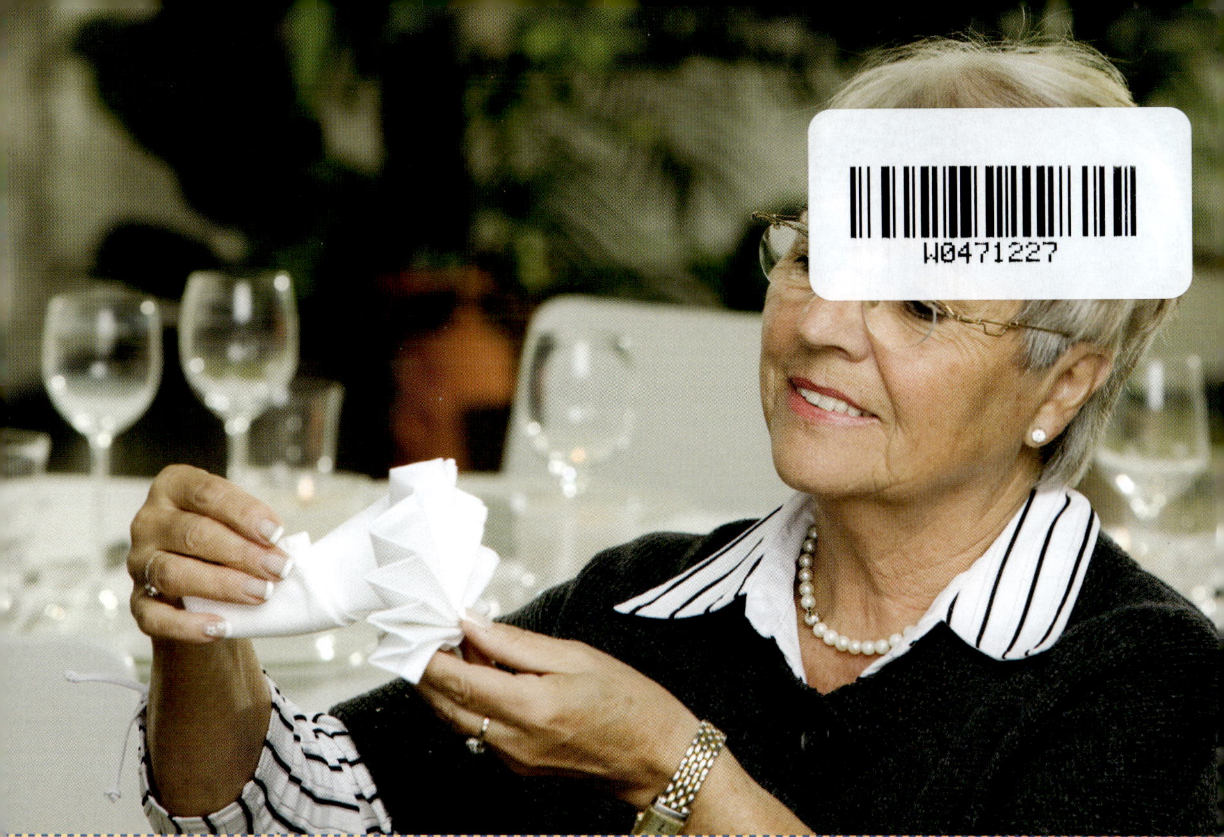

Serviettenfalten ist eine alte Kunst. Auch heute fasziniert uns ein schön gedeckter Tisch mit liebevoll gefalteten Servietten. Ob gemustert oder unifarben, aus Papier oder Stoff, mit feiner oder grober Textur: Servietten sind das i-Tüpfelchen, das eine festliche Tafel zu einer Augenweide macht!

Von der Familienfeier im kleinen oder großen Kreis bis hin zum Kaffeekränzchen – es gibt unzählige Anlässe, denen man einen besonderen Rahmen verleihen kann. Ich möchte Ihnen in diesem Buch Anregungen geben, wie Sie Ihren Tisch in eine eindrucksvolle Tafel verwandeln können. Daher zeige ich Ihnen verschiedene Möglichkeiten und Techniken des Serviettenfaltens – von einfach bis aufwändig und von schlicht bis edel. Suchen Sie sich für Ihr Fest einfach das Passende aus.

Ich wünsche Ihnen und Ihren Gästen viel Freude und ein gelungenes Fest!

Ihre

Serviettentasche

mit feinem Blumenmuster

MATERIAL

- Vliesserviette in Weiß, 40,5 cm x 40,5 cm
- Papierserviette mit Blumenmuster, 33 cm x 33 cm

1 Die Papierserviette mittig auf die Vliesserviette legen und beide Lagen nach hinten zur Hälfte brechen.

2 Die oben liegende Papierserviette nach unten zur Hälfte brechen.

3 Beide Servietten nach rechts zur Hälfte legen.

4 Die Spitze der Papierserviette nach innen brechen.

5 Die obere Lage der Vliesserviette schräg nach unten falten.

6 Dann wieder nach oben zur Mitte hin brechen.

7 Die Spitze nach innen einstecken.

8 Nun die Spitze der oberen Lage schräg nach unten brechen und ebenfalls einstecken.

9 Die linke und die rechte Seite nach hinten brechen.

10 Die gefalteten Servietten sehen nun wie eine spitze Tüte aus.

Mein Tipp für Sie

Schön dekoriert Füllen Sie ein paar Süßigkeiten in die Tasche oder verstecken Sie eine kleine Überraschung für Ihre Gäste in ihr. Im Frühling oder Sommer stecke ich gerne ein paar Blüten ein – am besten passend zum Blumenmuster der Serviette.

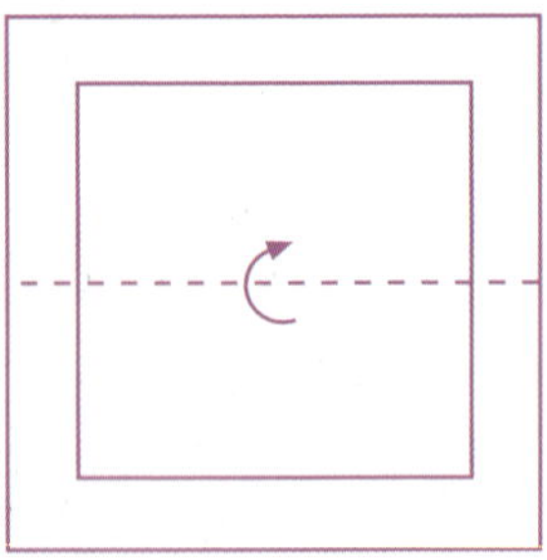

1

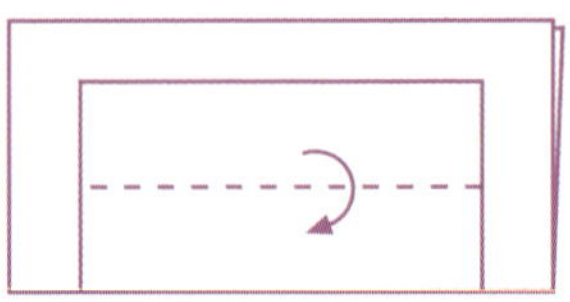

2

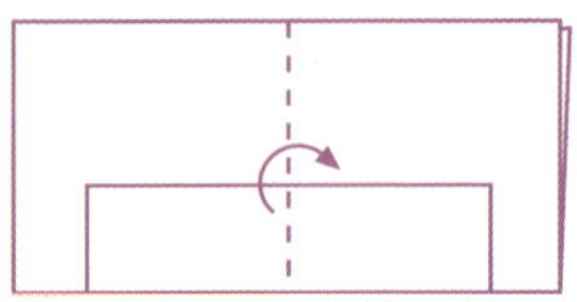

3

4

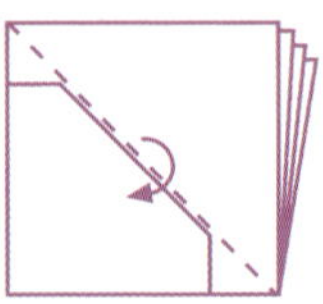

5

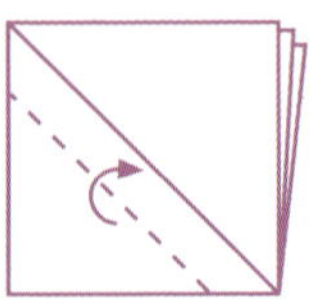

6

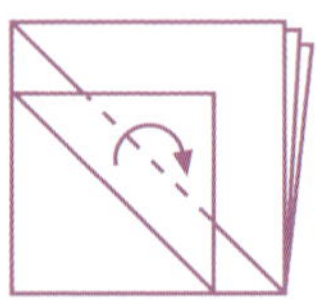

7

8

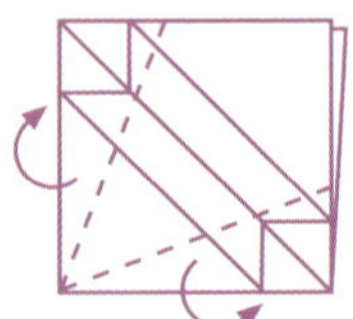

9

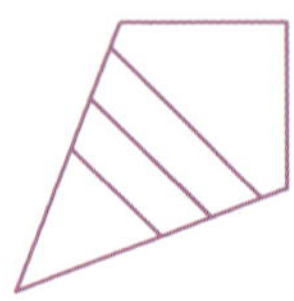

10

Hübsch gefaltete Mütze

aus zwei Servietten gezaubert

MATERIAL
* Vliesserviette in Grün, 40,5 cm x 40,5 cm
* Papierserviette mit Blumenmuster, 33 cm x 33 cm

1 Legen Sie die Vlies- und die Papierserviette jeweils quadratisch vor sich hin. Nun jeweils die untere Hälfte genau in der Mitte nach oben brechen.

2 Nun die linke Hälfte der Servietten genau in der Mitte auf die rechte brechen.

3 Die beiden gefalteten Servietten aufeinanderlegen, sodass beide Spitzen im Abstand von ca. 2 cm nebeneinanderliegen. Dann die untere Spitze so nach oben brechen, dass die Spitzen möglichst im gleichen Abstand nach oben zeigen.

4 Nun die Seiten nach hinten umschlagen.

5 Die Spitzen der Seiten hinten ineinanderstecken, sodass die Mütze zusammenhält. Fertig ist die Mütze.

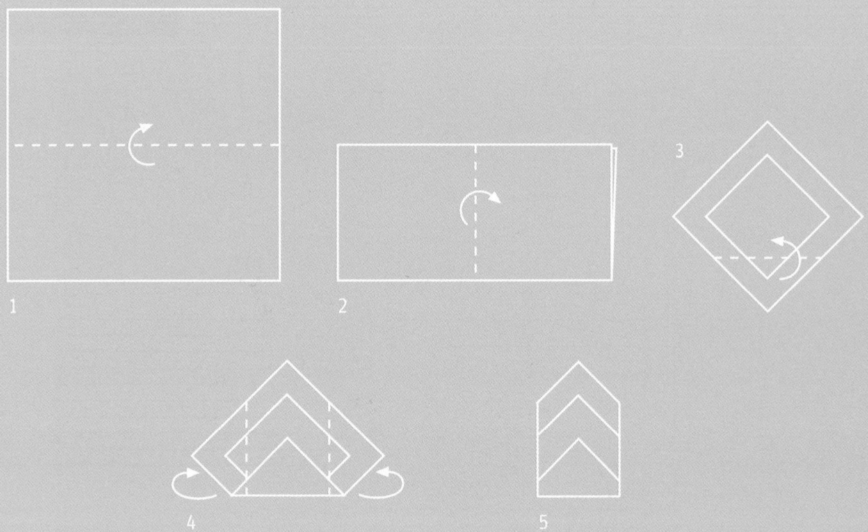

Gefächerter Halbmond

leuchtet in kräftigem Gelb und Blau

MATERIAL

* Papierserviette in Gelb und in Blau mit Blumenmuster, 33 cm x 33 cm
* doppelseitiges Klebeband

1 Legen Sie die Papierserviette im Quadrat vor sich hin. Nun die Serviette in 2 cm oder 3 cm breite Falten brechen.

2 Die Serviette ist jetzt ziehharmonikaartig gefaltet. Die andere Serviette ebenso in Falten legen, dann jeweils die Falten der Servietten fest zusammenpressen.

3 Beide Servietten im gefalteten Zustand aufeinander legen, in der Mitte abknicken und in ein Glas stellen. Die Falten auseinander fallen lassen, sodass die Form eines Halbmondes entsteht. Dann die beiden Hälften oben mit Klebeband fixieren, damit sie zusammenhalten.

Mein Tipp für Sie

Clever variieren Blumenmuster sind neutral und passen zu fast jedem Anlass. Sie können aber auch andere Muster wählen. Wie wär's mit Herzen für die Hochzeitstafel, Tulpen für den Ostertisch oder kleinen Engelchen für das Weihnachtsfest? Im Handel gibt es eine Vielzahl an bunt bedruckten Papierservietten, sodass Sie diese Faltung im Handumdrehen an jedes Fest und jeden Anlass anpassen können. Sie sollten nur immer darauf achten, dass die beiden Servietten farblich zueinander passen.

1

2

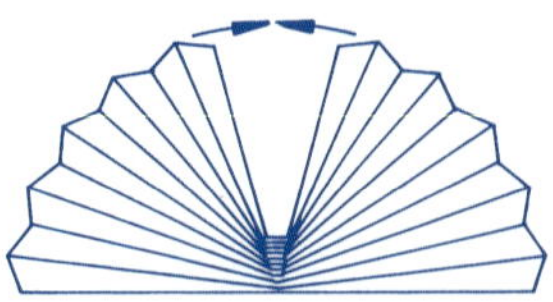

3

Ein zarter Schmetterling

hat sich auf dem Teller niedergelassen

MATERIAL

* Papierserviette in Hellblau, 33 cm x 33 cm
* Organzaband in Weiß, 4 cm breit, 70 cm lang

1 Legen Sie die geöffnete Serviette so vor sich hin, dass eine Spitze zu Ihnen zeigt. Dann die Serviette in 3 cm breite Ziehharmonikafalten brechen und die Falten fest aufeinander pressen.

2 Die gefaltete Serviette genau in der Mitte knicken und zusammenpressen. Aus dem Organzaband eine Schleife binden und vor der Serviette auf den Teller legen.

Mein Tipp für Sie

Fixieren der Schleife

Damit die Schleife nicht verrutscht und schön am Platz liegen bleibt, können Sie diese mit einem kleinen Streifen doppelseitiges Klebeband an der Serviette fixieren.

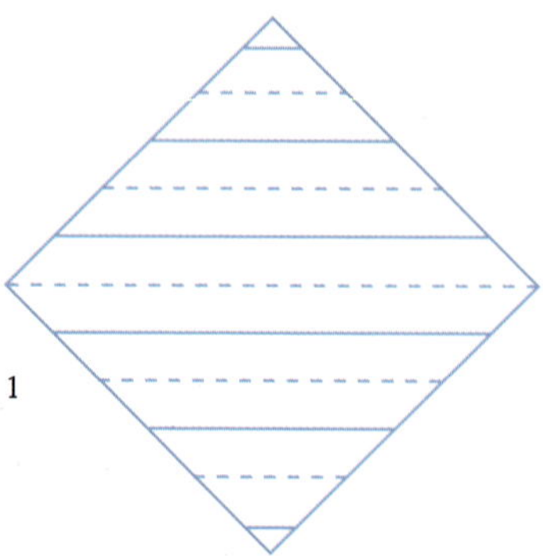

1

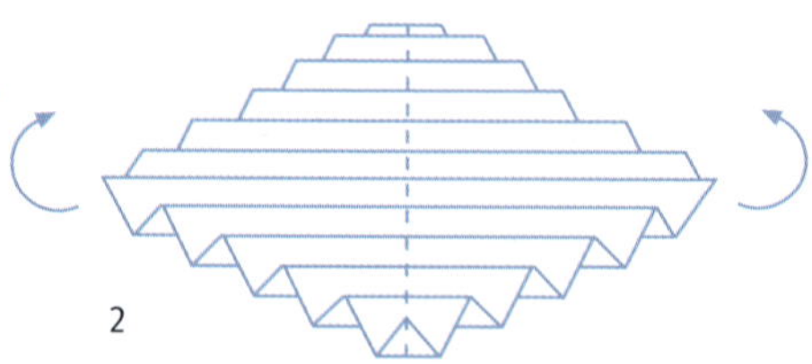

2

Serviettenfächer mit Knoten

schlichte Faltung, gekonnt in Szene gesetzt

MATERIAL
* Vliesserviette in Gelb, 40 cm x 40 cm
* Organzaband in Weiß, 4 cm breit, 15 cm lang
* frische Blüte in Gelb

1 Öffnen Sie die Serviette und legen Sie sie mit der rechten Seite nach oben vor sich hin. Dann die Serviette in 2 cm bis 3 cm breite Ziehharmonikafalten brechen.

2 Die Falten fest aufeinanderdrücken.

3 Ein Ende zu einem lockeren Knoten legen. Das Band in der Mitte einmal verknoten und zusammen mit der Blüte in den Knoten stecken.

1

2

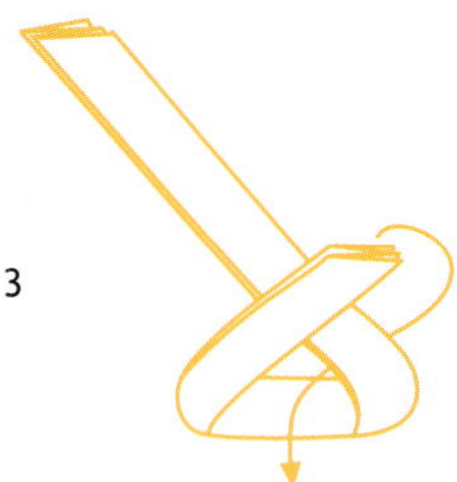

3

Rustikaler Serviettenknoten

leicht und unkompliziert

MATERIAL

* Stoffserviette in Grün-Weiß kariert, 40 cm x 40 cm

1 Legen Sie die geöffnete Serviette mit der linken Seite nach oben vor sich, sodass eine Spitze zu Ihnen schaut. Dann die untere Spitze in der Mitte nach oben brechen.

2 Nun die Spitze des Dreiecks nach unten auf die Bruchkante falten.

3+4 Nun die obere Kante ebenso nach unten falten, sodass ein schmales Band entsteht.

5 Die Enden des Bandes zu einem Knoten schlingen und das Besteck einstecken. Jetzt können die Gäste kommen.

Mein Tipp für Sie

Clever variieren Mit dem Besteck wirkt die Serviette sehr rustikal. Wenn Sie eine sommerliche Tischdekoration möchten, dann können Sie stattdessen eine Blume einstecken. Mir gefällt diese Serviettenfaltung mit frischen Kräuterzweigen von Rosmarin und Thymian sehr gut. Der würzige Duft regt den Appetit an und erinnert mich an die Provence.

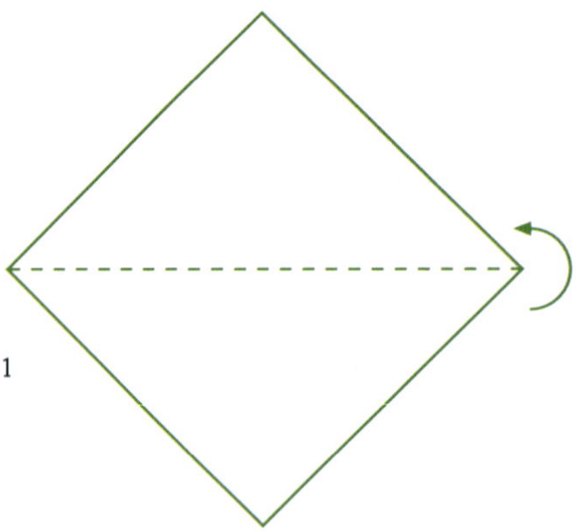

1

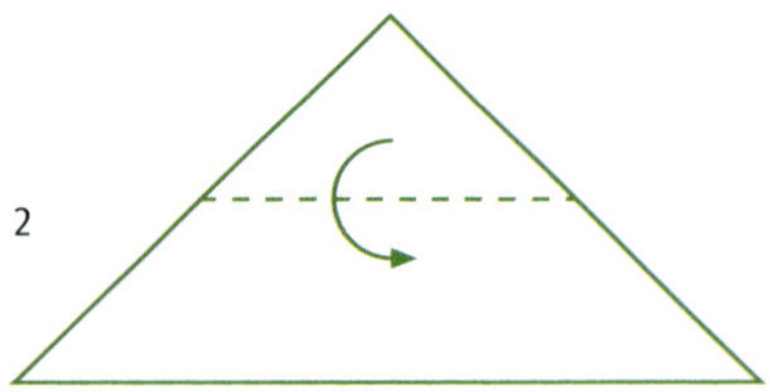

2

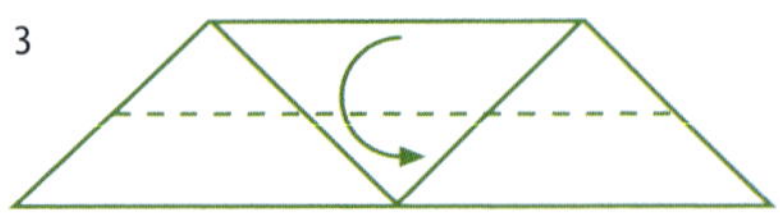

3

4

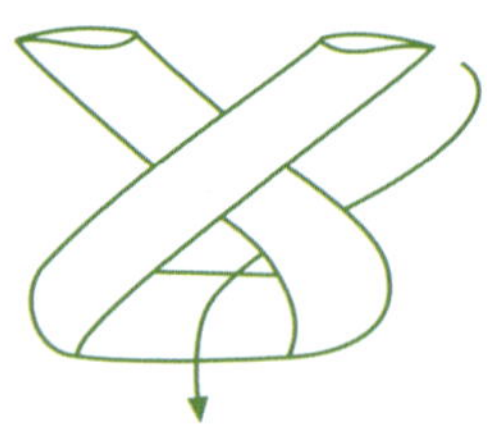

5

Eleganter Smoking

für feine Feste nur das Beste

MATERIAL

* Vliesserviette in Creme gemustert, 40,5 cm x 40,5 cm
* Satinband in Weiß, 2,5 cm breit
* doppelseitiges Klebeband

1 Legen Sie die Stoffserviette als Quadrat, das auf der Spitze steht, vor sich hin. Dann die Serviette genau in der Mitte nach unten brechen.

2 Nun die obere Kante 2 cm bis 3 cm weit nach hinten zu einem Schalkragen umschlagen.

3 Die linke und die rechte Spitze nach vorne falten, sodass sie unten aufeinanderliegen.

4 Zuerst die beiden Seiten nach hinten brechen, dann den unteren Teil der Serviette ebenso nach hinten brechen. Nun ist die Serviette zu einem Smoking gefaltet.

5 Aus dem Satinband eine Schleife anfertigen. Bestimmen Sie dazu, wie breit die fertige Schleife sein soll, und schneiden Sie das Satinband mindestens doppelt so lang zu. Die beiden Bandenden in der Mitte übereinanderkleben und die Klebestellen verdecken, indem Sie ein kurzes Band darüberlegen und hinten zusammenkleben. Die Schleife wie auf dem Foto zu sehen auf den Smoking legen.

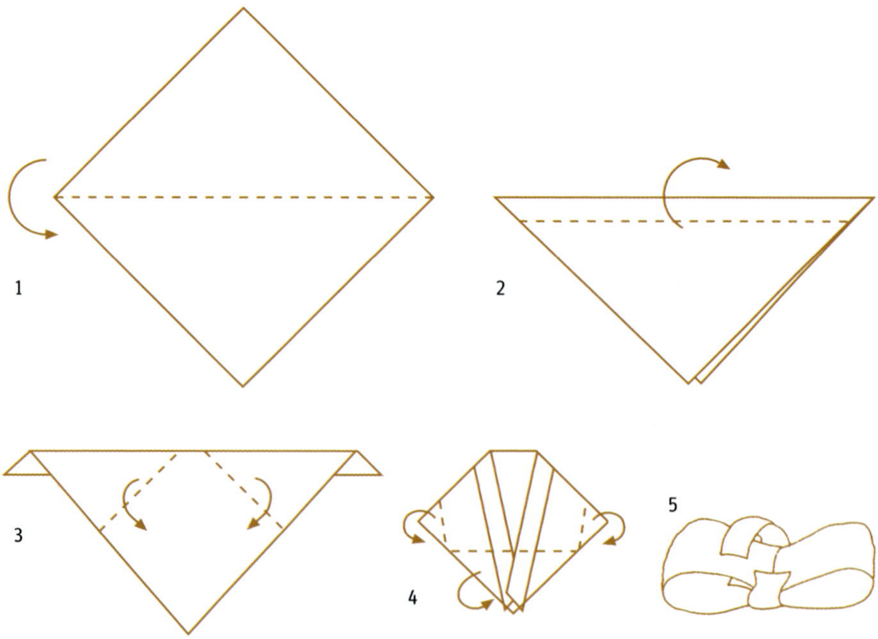

Fürstliche Krone

die Krönung jeder festlichen Tafel

MATERIAL

* Stoffserviette in Weiß, 50 cm x 50 cm

1 Das untere Drittel der Serviette nach oben brechen.

2 Dann das Drittel zur Hälfte wieder nach unten brechen.

3+4 Die obere Kante auf die untere legen und zur Hälfte wieder nach oben brechen.

5 Die untere Hälfte in der Mitte nach hinten brechen.

6+7 Jetzt das linke Drittel nehmen, nach rechts legen und zur Hälfte wieder nach links brechen.

8+9 Nun die rechte Seite nach links falten und zur Hälfte wieder nach rechts brechen.

10 Dadurch entsteht die abgebildete Form.

11+12 Die rechte obere Ecke nach links ziehen, sodass ein Dreieck entsteht.

13 Nun die rechte obere Ecke nach links falten. Dabei öffnet sich ein neues Dreieck. Dieses flach drücken, dann wieder die rechte Ecke nach links falten usw. Beide Seiten auf diese Weise zu Dreiecken falten. Zuletzt alle Dreiecke zur Mitte nehmen und gleichmäßig aufstellen. Fertig ist die Krone.

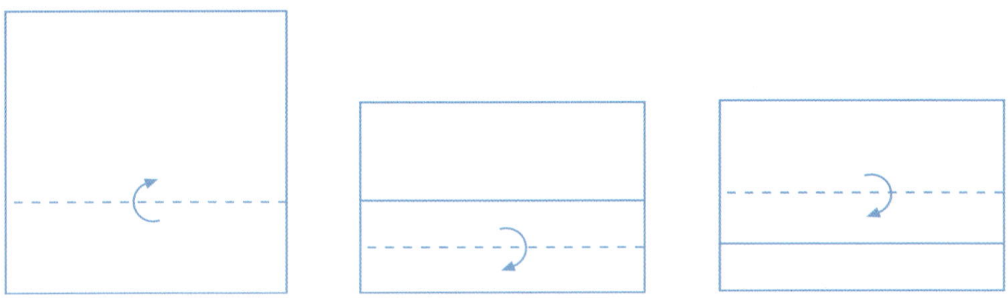

1 2 3

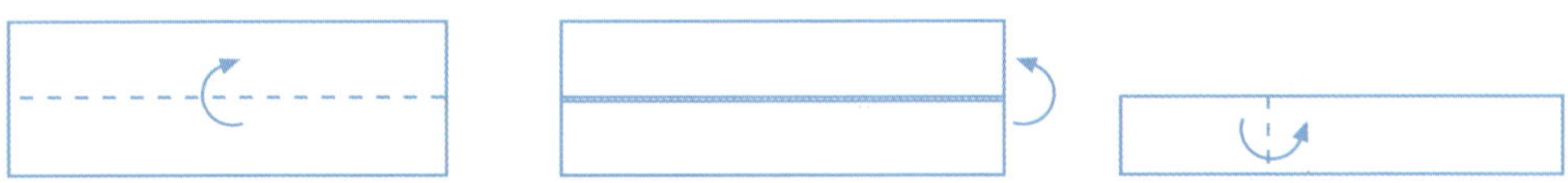

4 5 6

7 8 9 10 11 12 13

Muschel im Festtagsgewand

fürs Fischessen viel zu schade

MATERIAL

* Vliesserviette in Champagner-Weiß gemustert, 40,5 cm x 40,5 cm

1 Die gefaltete Serviette so hinlegen, dass die geschlossene Kante links oben liegt. Dann die untere Spitze auf die obere Spitze falten.

2 Die seitlichen Spitzen nach hinten führen und ineinanderstecken.

3 Nun die Spitzen der einzelnen Lagen in einem Abstand von 1,5 cm nach unten brechen.

4 Die fertig gefaltete Serviette umdrehen und auf den Teller legen.

„Mein Favorit für besonders feierliche Anlässe“

Bei Festen mit großer Bedeutung wähle ich gerne diese Serviettenfaltung und falte sie mit gestärkten weißen Stoffservietten. Dann wird die Festtafel richtig edel und feierlich.

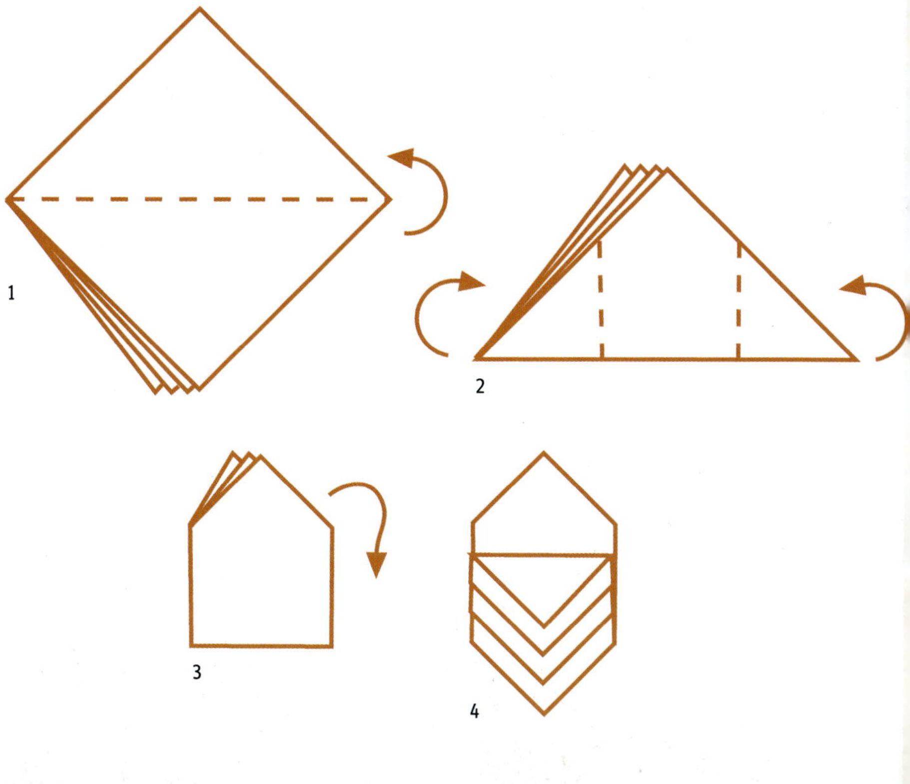

Liegender Fächer

ein kleiner Verwandlungskünstler

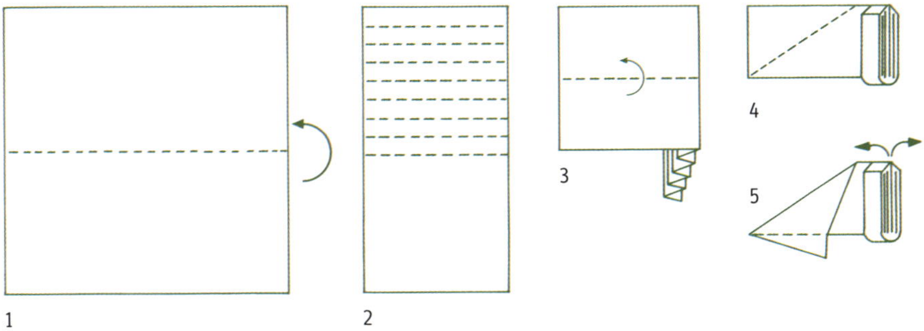

MATERIAL

* Vliesserviette in Dunkelgrün, 40,5 cm x 40,5 cm

1 Die Serviette mit der linken Seite nach oben hinlegen und zur Hälfte falten.

2 Die Serviette um 90 Grad drehen und bis knapp über die Mitte in ca. 2 cm breite Ziehharmonikafalten legen.

3 Die Serviette wenden, sodass die Falten rechts unten liegen, und die untere Hälfte nach oben falten.

4 Die obere Kante schräg nach unten falten.

5 Nun das unten überstehende Ende nach hinten brechen. Abschließend den Fächer öffnen und auf den Teller legen.

Variante

Die cremefarbene Serviette wurde gleich gefaltet wie die grüne. Einfach den fertig gefalteten Fächer aufstellen statt auf den Teller legen. Die lange Spitze zeigt nach hinten und verleiht dem Fächer Stand.

Festlich gefalteter Tafelspitz

ein Schmankerl für die Augen

MATERIAL

* Papierserviette in Orange, 33 cm x 33 cm

1 Die Serviette öffnen und mit der linken Seite nach oben hinlegen. Dann die Serviette nach unten zur Hälfte falten.

2 Die obere linke Ecke zwischen den beiden Lagen nach unten zur Mitte ziehen. Dann die obere rechte Ecke ebenso nach unten ziehen.

3 Die rechte Hälfte des Dreiecks auf die linke brechen.

4 Die vier Spitzen liegen nun links übereinander. Zuletzt die gefaltete Serviette an der Spitze fassen und aufstellen. Fertig!

„Wenn ich etwas in Eile bin"

Wenn ich wenig Zeit für eine Tischdekoration habe, wähle ich den Tafelspitz. Er lässt sich schnell falten und sieht sowohl unifarben wie auch bunt gemustert sehr schön aus. Und wenn dann doch noch etwas Zeit übrig bleibt, verstecke ich zwischen den Spitzen kleine Süßigkeiten oder stecke kleine Blüten ein.

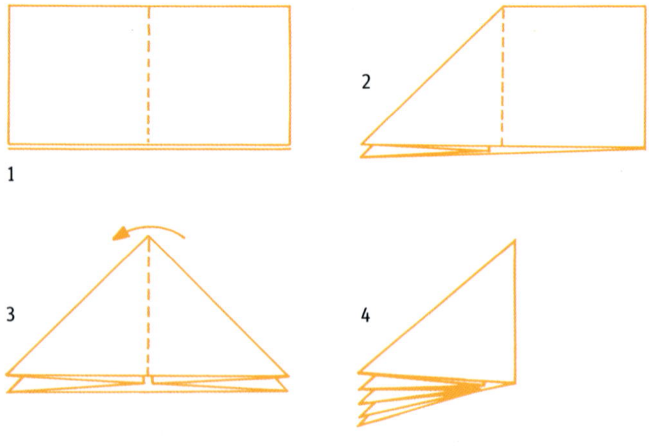

Blumiger Palmwedel

mit zarten Gänseblümchen

MATERIAL

* Papierserviette mit Blütenmuster, 33 cm x 33 cm
* doppelseitiges Klebeband

1 Legen Sie die Serviette mit der linken Seite nach oben so vor sich hin, dass das Quadrat auf der Spitze steht. Nun die untere Hälfte genau in der Mitte nach oben falten.

2 Das entstandene Dreieck von unten nach oben in etwa 2 cm breite Ziehharmonikafalten legen.

3 Die Falten fest aufeinanderpressen, dann die gefaltete Serviette zur Hälfte legen.

4 Dabei die langen Enden so zusammenführen, dass sie sich oben treffen, und mit doppelseitigem Klebeband zusammmenhalten.

„So bin ich auf diese Idee gekommen“

Ich mag es, wenn Blumen den Tisch schmücken. Wenn ich mit meiner Familie ein Fest feiere, dürfen sie auf keinen Fall fehlen. Aber nicht immer hat man genügend Zeit, um aufwändige Blumengestecke anzufertigen. Darum habe ich hier eine Serviette mit feinem Blumenmuster gewählt und dazu passend eine Margeritenblüte aus dem Garten auf den Teller gelegt.

1

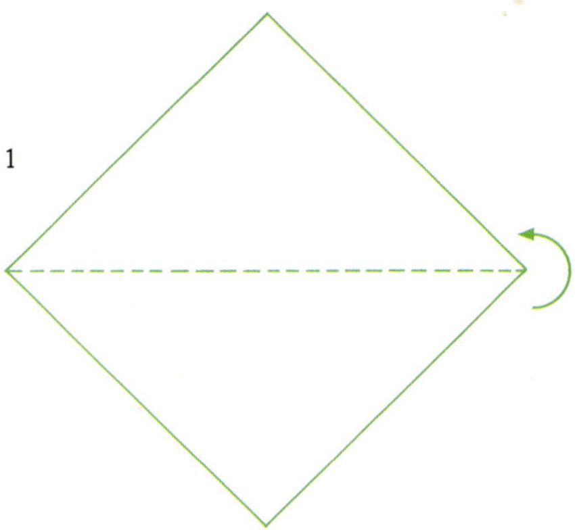

2

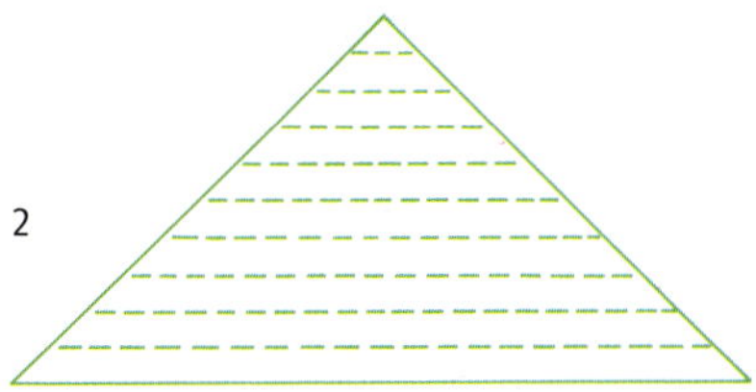

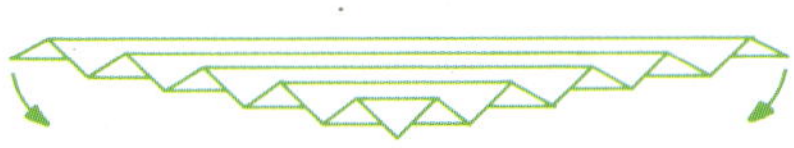

3

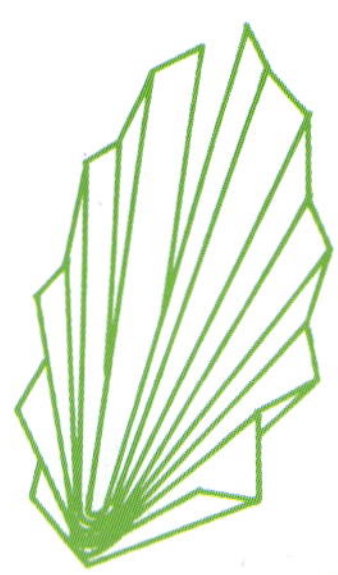

4

Leuchtend gelbe Lilie

klassisch und wunderschön

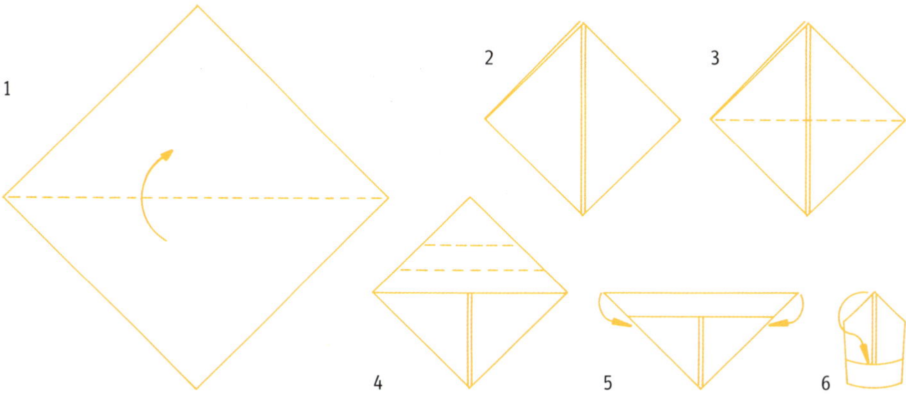

MATERIAL

* Stoffserviette in Gelb, 50 cm x 50 cm

1 Die Serviette so hinlegen, dass eine Spitze zum Körper zeigt, und die untere Hälfte nach oben brechen.

2 Zuerst die linke Spitze nach oben zur Mitte falten, dann die rechte ebenso.

3 Die beiden oben liegenden Spitzen an der gestrichelten Linie nach unten falten.

4 Die obere Spitze zur Mitte falten, dann die obere Kante nochmals zur Mitte falten. Dann den schmalen Streifen über die mittlere Bruchkante nach unten brechen, sodass ein Dreieck entsteht.

5 Die seitlichen Spitzen hinten ineinanderstecken.

6 Die vorderen Dreieckspitzen nach unten führen und in den Rand einstecken. Fertig ist die Lilie.

Variante

Die orangefarbene Königsschleppe wird wie die Lilie gefaltet. Allerdings werden hier die vorderen Dreieckspitzen nur nach unten gebogen und nicht eingesteckt.

Dschunke mit gesetzten Segeln

ein kleines Meisterwerk

MATERIAL

* Vliesserviette in Lachsrosa, 40,5 cm x 40,5 cm

1 Die Serviette zuerst nach oben zur Hälfte brechen.

2 Nun die Serviette nach rechts zur Hälfte brechen.

3 Das entstandene Quadrat zu einem Dreieck falten.

4 Das Dreieck wenden und die Seiten zur Mitte brechen, sodass sie aneinanderstoßen.

5 Die unten überstehenden Spitzen nach hinten brechen.

6 Das entstandene Dreieck an der Mittellinie nach hinten zur Hälfte falten.

7 Die Spitzen nacheinander nach oben ziehen und die Dschunke in Form bringen.

Mein Tipp für Sie

Namensschilder anbringen Versehen Sie die Dschunken mit den Namen der Tischgäste, damit jeder seinen richtigen Platz findet. Ich drucke die Namen der Gäste einige Tage vor dem Fest dazu auf farblich passendes Transparentpapier und befestige die Schildchen an den Servietten.

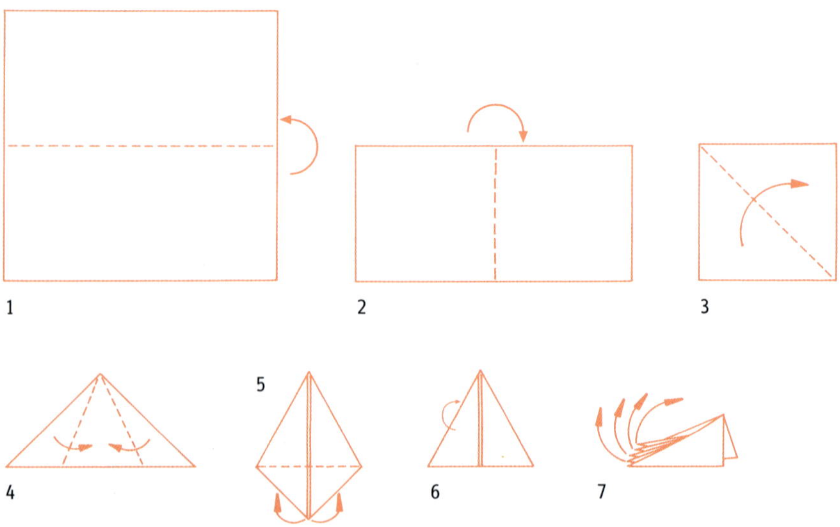

Anmutige Bischofsmütze

dekoriert mit einer duftenden Rose

MATERIAL

* Vliesserviette in Weiß, 40,5 cm x 40,5 cm

1 Die Serviette mit der linken Seite nach oben hinlegen und nach oben zur Hälfte falten.

2 Die Ecke rechts unten zur Mitte diagonal nach oben brechen. Dann die Ecke links oben diagonal nach unten brechen, sodass sich die beiden Dreiecke in der Mitte treffen.

3 Die Serviette wenden (die mit dem Kringel markierte Ecke liegt nun links unten) und der Länge nach in der Mitte brechen, sodass zwei Dreiecke nach oben zeigen.

4 Die linke seitliche Spitze nach vorn klappen und hinter dem oben liegenden Dreieck einstecken, dann die Serviette wenden und die andere Spitze ebenso einstecken. Die Serviette unten etwas auseinanderziehen und aufstellen. Wenn Sie möchten, können Sie die Bischofsmütze nun festlich schmücken.

„Ein gutes Versteck"

In der Bischofsmütze verstecke ich gerne Süßigkeien oder kleine Geschenke. Wenn meine Gäste die Serviette auffalten, ist die Freude groß und die Überraschung ist gelungen.

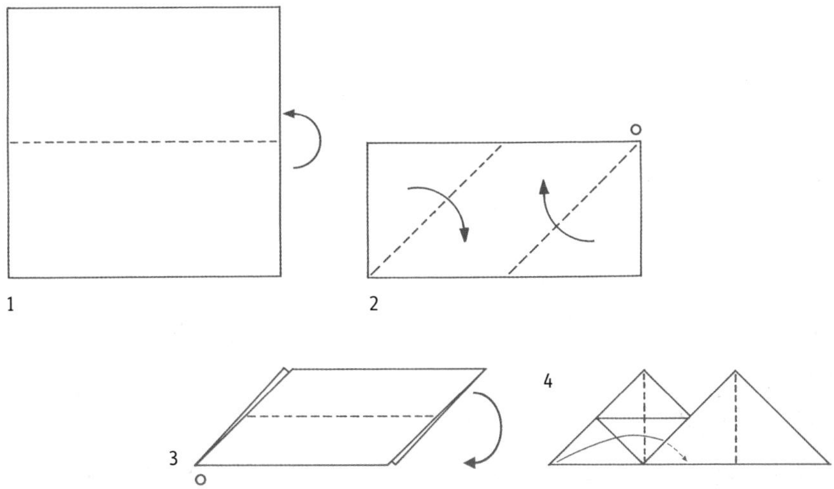

Ein weißer Schwan

Sinnbild formvollendeter Schönheit

MATERIAL

* 2 Vliesservietten in Weiß, 40,5 cm x 40,5 cm
* Alufolie, 39 cm x 39 cm

Der Schwan besteht aus zwei separat gefalteten Servietten, die anschließend zusammengefügt werden. Für den Körper wie auf Seite 26 beschrieben eine Dschunke anfertigen, für Hals und Kopf die zweite Serviette wie folgt falten:

1 Die Serviette so hinlegen, dass eine Spitze zum Körper zeigt, dann die Alufolie zur Verstärkung auflegen (nicht mit eingezeichnet). Die Serviette mit der Alufolie nach unten zur Hälfte brechen.

2 Mit den Händen über die Serviette streichen, damit die Folie schön glatt wird. Dann die Seiten nach unten zur Mitte brechen.

3 Die Serviette wieder glattstreichen, dann die rechte und linke obere Kante zur Mitte brechen.

4 Die Serviette wieder glattstreichen und erneut zur Mitte brechen.

5 Die obere Spitze etwas biegen, sodass der Schwan einen Kopf bekommt.

6 Den Schwanenhals mit dem Körper zusammenfügen und auf dem Teller platzieren.

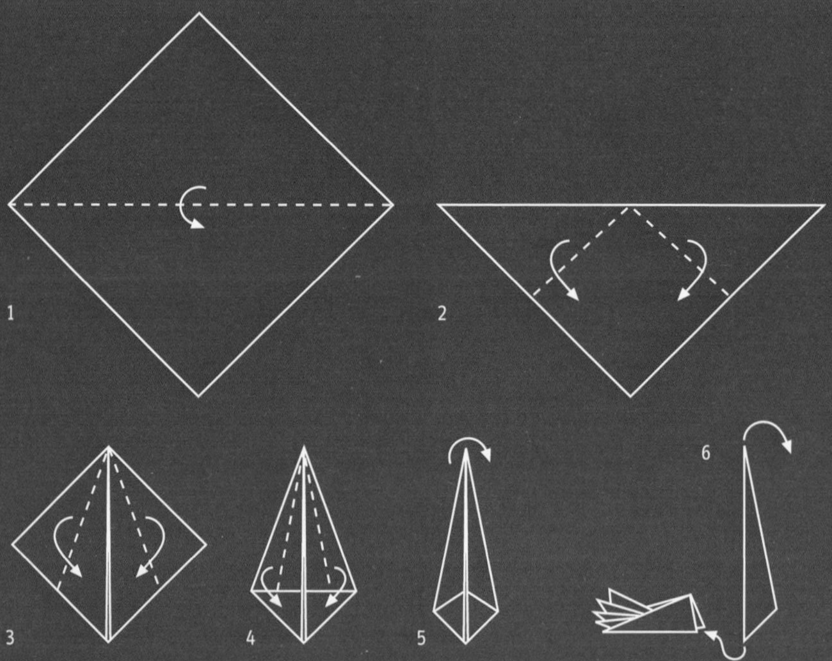

Sieglinde Holl lebt in Baden-Württemberg und hatte bis 1996 einen Bastelladen. Sie ist seit über 25 Jahren als Autorin für den frechverlag tätig und hat bereits über 170 Bastelbücher zu den verschiedensten Techniken veröffentlicht. Inzwischen macht sie viele Titel zusammen mit ihrer Tochter Stephanie Göhr.
Ihre Schwerpunkte sind Floristik, Geldgeschenke und natürlich Servietten falten.

DANKE!

Ich danke den Firmen Pichler in Laichingen, IHR in Essen (Oldenburg) und Duni in Bramsche, die mir die gezeigten Servietten für dieses Buch zur Verfügung gestellt haben.

TOPP – Unsere Servicegarantie

WIR SIND FÜR SIE DA! Bei Fragen zu unserem umfangreichen Programm oder Anregungen freuen wir uns über Ihren Anruf oder Ihre Post. Loben Sie uns, aber scheuen Sie sich auch nicht, Ihre Kritik mitzuteilen – sie hilft uns, ständig besser zu werden.

Bei Fragen zu einzelnen Materialien oder Techniken wenden Sie sich bitte an unseren Kreativservice, Frau Erika Noll.
mail@kreativ-service.info
Telefon 0 50 52 / 91 18 58

Das Produktmanagement erreichen Sie unter:
pm@frechverlag.de
oder:
frechverlag
Produktmanagement
Turbinenstraße 7
70499 Stuttgart
Telefon 07 11 / 8 30 86 68

LERNEN SIE UNS BESSER KENNEN! Fragen Sie Ihren Hobbyfach- oder Buchhändler nach unserem kostenlosen Kreativmagazin **Meine kreative Welt**. Darin entdecken Sie vierteljährlich die neuesten Kreativtrends und interessantesten Buchneuheiten.

Oder besuchen Sie uns im Internet! Unter **www.frechverlag.de** können Sie sich über unser umfangreiches Buchprogramm informieren, unsere Autoren kennenlernen sowie aktuelle Highlights und neue Kreativtechniken entdecken, kurz – die ganze Welt der Kreativität.

Kreativ immer up to date sind Sie mit unserem monatlichen **Newsletter** mit den aktuellsten News aus dem frechverlag, Gratis-Bastelanleitungen und attraktiven Gewinnspielen.

IMPRESSUM

Überarbeitete Neugestaltung von TOPP 3169.

FOTOS: frechverlag GmbH, 70499 Stuttgart; Ullrich & Co., Renningen (Modell- und Schrittfotos), lichtpunkt, Michael Ruder, Stuttgart (restliche Fotos, außer Seite 32)

PRODUKTMANAGEMENT UND LEKTORAT: Susanne Pypke

GESTALTUNG: Petra Theilfarth

DRUCK: frechdruck GmbH, 70499 Stuttgart

Auflage: 7. 6. 5. 4.
Jahr: 2014 2013 2012 2011 [Letzte Zahlen maßgebend]

ISBN 978-3-7724-3745-8 • Best.-Nr. 3745

Ariane Hitthaller, Lisa Peterlik, Petra Ruso

Mein Baby isst mit

Die besten Rezepte für die Schwangerschaft

Frisches Früchtebrot

Zutaten für ca. 14 Stück

- 100 g getrocknete Marillen (Aprikosen)
- 100 g Walnüsse
- 180 g Haferflocken
- 100 g Rosinen
- 50 g Zucker
- 1 TL Zimt
- 2 EL Malzextrakt
- 250 ml Apfelsaft
- 60 g Apfelmus
- 100 g Dinkelmehl
- 1 Pkg. Backpulver
- Etwas Butter zum Ausfetten der Form

So wird's gemacht

Marillen klein schneiden und Walnüsse hacken. Haferflocken mit Marillen, Nüssen, Rosinen, Zucker, Zimt und Malzextrakt vermischen.
Apfelsaft und Apfelmus unterrühren, Mehl mit Backpulver vermischen.
Eine Kastenform mit Butter ausfetten und den Backofen auf 150° C vorheizen.
Das Mehl mit der restlichen Masse zu einem glatten Teig verarbeiten und in die Kastenform füllen. Etwa 1 ½ Stunden backen. Anschließend stürzen, abkühlen lassen und in Scheiben schneiden.
Nach Belieben mit etwas Konfitüre servieren.

Nährwert pro Portion	
Energie	205 kcal
Eiweiß	5 g
Kohlenhydrate	31 g
Fett	6 g

Suppen

Tiroler Kartoffelsuppe

Zutaten für 2 Personen

- 300 g Kartoffeln
- 1 Zwiebel
- 1 EL Rapsöl
- 1 Prise Muskatnuss
- ½ TL Kümmel ganz
- 1 TL Estragon
- 1 TL Majoran (getrocknet)
- 1 EL frische Petersilie
- 1 EL Sauerrahm
- 500 ml Gemüsebrühe
- Salz, Pfeffer

So wird's gemacht

Die Kartoffeln schälen und würfeln. Die Zwiebel schälen und fein hacken.
In einem großen Kochtopf das Öl erhitzen und die Zwiebel darin glasig dünsten.
Die Kartoffeln zugeben und etwa 2 Minuten mitbraten, dabei immer wieder umrühren. Dann mit der Gemüsebrühe aufgießen. Salzen und pfeffern. Muskatnuss, Estragon, Majoran und Kümmel zugeben.
Die Suppe ca. 20 Minuten kochen lassen, bis die Kartoffeln weich sind.
Die Petersilie waschen und fein hacken.
Wenn die Kartoffeln weich sind, zur Suppe Sauerrahm zufügen und alles mit dem Pürierstab pürieren. Nochmals mit Salz und Pfeffer abschmecken und mit Petersilie garniert servieren.

Nährwert pro Portion	
Energie	177 kcal
Eiweiß	3 g
Kohlenhydrate	25 g
Fett	6 g

Tipp: Dazu passen sehr gut geröstete Brotwürfel aus Vollkorntoast. Wer die Suppe etwas flüssiger mag, gießt einfach mit etwas mehr Suppe auf. Wer es lieber cremiger hat, kann beim Anrichten noch einen Teelöffel Sauerrahm in die Suppe geben.

Blumenkohlsuppe

Zutaten für 4 Personen

500 g Blumenkohl
1 große Kartoffel
2 EL Sonnenblumenöl
1 l Gemüsebrühe
Salz, Pfeffer
1 Schuss Balsamicoessig
2 EL Sauerrahm
2–3 Scheiben Vollkornbrot
Frische Kresse

Tipp: Durch die Kartoffel wird die Suppe besonders gut gebunden. Wer gerne dickere Suppen isst, gibt einfach mehr Kartoffeln dazu.

So wird's gemacht

Blumenkohl in kleine Röschen teilen und gründlich waschen. Die Kartoffel schälen und würfeln. Öl in einem großen Topf erhitzen, Blumenkohlröschen und Kartoffelwürfel zugeben und im heißen Öl ca. 3 Minuten rösten.
Mit Gemüsebrühe aufgießen und etwa 20 Minuten köcheln lassen. Anschließend mit Salz und Pfeffer abschmecken und einen Schuss Balsamicoessig unterrühren.
Sauerrahm zugeben, gut umrühren und nochmals kurz aufkochen lassen.
Den Backofen auf 180° C vorheizen. Während die Suppe köchelt, Vollkornbrot in kleine Würfel schneiden, ein Backblech mit Backpapier auslegen und die Brotwürfel gleichmäßig darauf verteilen. Im vorgeheizten Backofen etwa 10 Minuten goldbraun rösten.
Die fertige Suppe mit einem Pürierstab fein pürieren und mit frischer Kresse bestreuen. Zusammen mit den Brotwürfeln servieren.

Nährwert pro Portion	
Energie	187 kcal
Eiweiß	6 g
Kohlenhydrate	22 g
Fett	7 g

Folate: Blumenkohl gilt als folsäurereich. Folsäure und Folat sind nur unterschiedliche Formen desselben wasserlöslichen Vitamins. Folate findet man in bestimmten Lebensmitteln wie etwa Zitrusfrüchten, Bohnen, Erbsen und grünem Blattgemüse. Die synthetische Form, die Folsäure, ist Bestandteil verschiedener Nahrungsergänzungsmittel.

Das Baby braucht Folsäure, damit sich sein Nervensystem gut entwickeln kann. Folat reagiert empfindlich auf Licht und Hitze. Beim Kochen können daher erhebliche Mengen dieses so bedeutenden Vitamins verloren gehen. Deshalb ist die schonende Zubereitung wichtig. Für die Folatversorgung am besten geeignet sind Lebensmittel, die unverarbeitet gegessen werden können, darunter Tomaten, Gurken, Orangen oder Weintrauben.

Linsensuppe mit Ingwer

Zutaten für 4 Personen

1 kleine Zwiebel

1 EL Rapsöl

2 Knoblauchzehen

2 TL frischer Ingwer (gehackt)

1 Prise Curry

1 EL Zitronensaft

250 g rote Linsen

1 l Gemüsebrühe

150 ml Kokosmilch

1 Msp. Cayennepfeffer

1 Prise Salz

2 EL Koriander
(frisch oder getrocknet)

So wird's gemacht

Die Zwiebel hacken und im heißen Öl anschwitzen. Den Knoblauch pressen und hinzugeben, Ingwer und Curry zufügen und kurz mitrösten. Zitronensaft darüberträufeln.

Die Linsen zugeben, einmal umrühren und die Mischung mit Brühe aufgießen. Ca. 15 Minuten köcheln lassen, bis die Linsen weich sind. Dann eine Handvoll Linsen herausnehmen und beiseite stellen. Die übrige Suppe zusammen mit der Kokosmilch pürieren und mit Salz und Cayennepfeffer abschmecken.

Vor dem Anrichten die übrigen Linsen als Einlage in die Suppe geben. Mit frischem Koriandergrün oder getrocknetem Koriander bestreuen und servieren.

Nährwert pro Portion	
Energie	240 kcal
Eiweiß	17 g
Kohlenhydrate	31 g
Fett	4 g

Gemüsebrühe selbst gemacht

300 g saisonales Gemüse (z. B. Sellerie, Karotte, Lauch, Pastinake etc.)
1 Liter kaltes Wasser
Salz

Gemüse waschen, putzen und klein schneiden. In einem Topf mit kaltem Wasser erhitzen und ca. 30 Minuten köcheln lassen. Leicht salzen. Das Gemüse abseihen, die Brühe verwenden und das Gemüse in einem verschließbaren Gefäß im Kühlschrank aufbewahren. Das Gemüse kann ein bis zwei weitere Male aufgegossen und aufgekocht werden. Auch der Aufguss hält sich einige Tage im Kühlschrank.

Herzhafte Hühnerkraftsuppe

Zutaten für 2 Personen

- 2 Hühnerbrustfilets (insgesamt ca. 200 g)
- 2 EL Butter
- 1 Tasse Suppengemüse (z. B. 1 Stück Sellerie, 2 Karotten, 1 gelbe Rübe, etwas Lauch)
- 500 ml Hühnerfond (oder Hühnerbrühe aus Suppenwürfel)
- Salz, Pfeffer
- 100 g TK-Erbsen
- 80 g Suppennudeln
- 3 EL frische Petersilie

So wird's gemacht

Das Fleisch waschen, trocken tupfen und in 1 cm große Würfel schneiden.
Butter in einem großen Topf erhitzen und das Fleisch darin rundherum anbraten. Das Suppengemüse zugeben und 1 Minute mitbraten.
Dann mit Hühnerfond aufgießen, aufkochen lassen und mit Salz und Pfeffer würzen.
Die Suppe ca. 15 Minuten köcheln lassen, bis das Gemüse weich ist.
Suppennudeln und Tiefkühlerbsen zur Suppe geben und noch 4 Minuten weiter köcheln lassen.
Petersilie waschen und klein schneiden, die Suppe anrichten und mit Petersilie bestreuen.

Nährwert pro Portion	
Energie	545 kcal
Eiweiß	35 g
Kohlenhydrate	54 g
Fett	17 g

Tipp: Die Portionen sind hier bewusst relativ groß gewählt: Da die Suppe in Form der Nudeln reichlich Kohlenhydrate enthält, eignet sich das herzhafte Gericht sehr gut als Hauptmahlzeit. Zudem ist diese Suppe ein echter Kraftspender und kann bei unterschiedlichsten Magen-Darm-Beschwerden Linderung verschaffen.

Rote-Rüben-Suppe mit Kren-Nocken

Zutaten für 5 Personen

- 1 kleine Zwiebel
- 1 EL Rapsöl
- 200 g rote Rüben
- 2 Karotten
- ¼ Sellerieknolle
- 750 ml Gemüsebrühe
- 1 Lorbeerblatt
- 125 ml Sahne
- 1 EL Essig
- Salz, Pfeffer

Für die Nocken

- 1 Ei
- 1 EL Butter
- 2 EL Mehl
- 1 EL Meerrettich, gerieben

So wird's gemacht

Die Zwiebel schälen, klein schneiden und in einer tiefen Pfanne mit etwas Öl anschwitzen.
Rote Rüben, Karotten und Sellerie schälen, klein schneiden und kurz mitdünsten.
Mit Gemüsebrühe aufgießen, Lorbeerblatt hinzugeben und 20 Minuten köcheln lassen.
Lorbeerblatt entfernen, Sahne und Essig zugeben und gut mit Salz und Pfeffer abschmecken. Dann die Suppe pürieren.
Für die Kren-Nocken das Ei trennen. Butter mit Eigelb schaumig schlagen und das Eiweiß zu steifem Schnee schlagen.
Mehl, Meerrettich, Salz und Pfeffer zur Butter-Dotter-Masse geben und den Eischnee vorsichtig unterheben.
In einem großen Topf Salzwasser zum Kochen bringen, aus der Masse mit einem Teelöffel kleine Nocken ausstechen. Die Hitze reduzieren und die Nocken im Salzwasser ziehen lassen, bis sie an die Oberfläche steigen.
Die Suppe mit den Kren-Nocken anrichten und heiß servieren.

Nährwert pro Portion	
Energie	145 kcal
Eiweiß	3 g
Kohlenhydrate	8 g
Fett	10 g

Hauptgerichte

Hauptgerichte mit Fleisch

Chickenburger mit Salsa

Zutaten für 2 Personen

1 grüne Paprikaschote
1 kleine Schalotte
Chiliflocken nach Geschmack
50 ml passierte Tomaten
1 Prise Puderzucker
1 TL Balsamicoessig
2 kleine Hühnerfilets
2 Salatblätter
2 Essiggurken
1 Zitrone
2 Vollkorn-Burgerbrötchen
2 Scheiben Gouda
2 EL Rapsöl
Salz, Pfeffer

Variationen: Wer gerne etwas schärfer isst und Zwiebeln gut verträgt, kann einige rote Zwiebelringe in den Burger geben. Dazu passt sehr gut gemischter Salat. Wer keine klassischen Burgerbrötchen zur Hand hat, kann auch Vollkornbrötchen verwenden.

So wird's gemacht

Paprika waschen, putzen und sehr klein schneiden. Schalotte schälen und ebenfalls fein hacken. Paprika und Schalotte in einer Schüssel vermischen, salzen und pfeffern und nach Belieben mit Chiliflocken würzen.
Passierte Tomaten mit Puderzucker mischen und mit der Paprika-Zwiebel-Mischung zu einer Salsa verrühren. Balsamicoessig unterrühren und nochmals abschmecken.
Die Hühnerfilets gründlich waschen und trocken tupfen. Salatblätter waschen, Essiggurken in Scheiben schneiden.
Die Hühnerfilets salzen und pfeffern und mit etwas Zitronensaft beträufeln. In einer Pfanne das Rapsöl erhitzen und die Filets anbraten, bis sie gleichmäßig gar sind.
Inzwischen die Brötchen halbieren und kurz toasten. Die untere Hälfte mit einem Salatblatt, dem Hühnerfilet, der Salsa und einer Scheibe Gouda belegen. Unter dem heißen Backofengrill den Käse kurz schmelzen lassen. Zum Schluss die Gurkenscheiben darauflegen und mit der oberen Brötchenhälfte abschließen.

Nährwert pro Portion	
Energie	455 kcal
Eiweiß	45 g
Kohlenhydrate	32 g
Fett	15 g

Tomaten-Pilz-Pasta

Zutaten für 2 Personen

- 2 frische Frühlingszwiebeln
- 80 g magerer gekochter Schinken
- 200 g Cherry-Tomaten
- 200 g Eierschwammerln (Pfifferlinge)
- 200 g Pasta (am besten Kamut-Pasta)
- 2 EL Olivenöl (nicht kalt gepresst/nativ, da dieses nicht so stark erhitzt werden sollte)
- Etwas frischer Rosmarin
- Salz, Pfeffer

So wird's gemacht

Frühlingszwiebeln putzen, waschen und in feine Ringe schneiden. Schinken klein schneiden, Tomaten waschen und halbieren.

Die Pilze putzen und kurz abschwemmen, dann trocken tupfen. Rosmarin waschen und fein hacken.

Die Nudeln entsprechend der Packungsanleitung in Salzwasser garen. Inzwischen in einer Pfanne Olivenöl erhitzen und die Pilze bei starker Hitze ca. 4 Minuten braten. Zwiebeln und Schinken zugeben, die Hitze reduzieren und weitere 4 Minuten mitbraten. Tomaten und Rosmarin zugeben und weitere 3 Minuten dünsten.

Die Nudeln abgießen und in die Pfanne zugeben. Alles gut vermischen, mit Salz und Pfeffer abschmecken und sofort servieren.

Nährwert pro Portion	
Energie	284 kcal
Eiweiß	16 g
Kohlenhydrate	27 g
Fett	10 g

Hinweis: Bei der Auswahl des Schinkens darauf achten, dass kein Rohschinken verwendet wird!

Tipp: Tomaten geben ein Reifegas ab. Daher sollten sie nicht zusammen mit anderem Obst und Gemüse gelagert werden, dieses verdirbt sonst schneller.

Tipp: Bei der Auswahl der Pasta sind keine Grenzen gesetzt: Ob Penne, Farfalle oder Spaghetti, ist dem individuellen Geschmack überlassen. Auch bei den Getreidesorten gibt es eine große Vielfalt. Kamut etwa ist eine alte Sorte des Sommerweizens mit besonders hohem und hochwertigem Eiweißgehalt. Kamut ist aber auch sehr vitamin- und mineralstoffreich. Kamut-Pasta ist im Geschmack herkömmlicher Pasta zum Verwechseln ähnlich, allenfalls etwas nussiger. Ein Versuch lohnt sich!

Bœuf Stroganoff mit Kartoffel-Sellerie-Püree

Zutaten für 2 Personen

- 200 g Rinderlungenbraten
- 150 g braune Champignons
- 180 ml Gemüsebrühe
- 40 g Sauerrahm
- 1 TL Mehl
- 1 Bund Schnittlauch
- 3 EL Rapsöl
- Balsamicoessig
- Tabascosauce
- 200 g Kartoffeln
- 150 g Sellerieknolle
- Salz, Pfeffer
- 3 EL Butter
- 1 kleine Zwiebel
- Muskatnuss, gerieben

Nährwert pro Portion	
Energie	487 kcal
Eiweiß	37 g
Kohlenhydrate	24 g
Fett	25 g

So wird's gemacht

Das Fleisch waschen und trocken tupfen, in Streifen schneiden und mit Salz und Pfeffer würzen. Die Gemüsebrühe vorbereiten, Champignons waschen und in Scheiben schneiden.
Sauerrahm mit Mehl gut glatt rühren, Schnittlauch waschen und in Röllchen schneiden.
2 EL Rapsöl in einer Pfanne erhitzen und die Fleischstreifen darin ca. 3 Minuten scharf anbraten. Das Fleisch aus der Pfanne nehmen, das übrige Öl in die Pfanne gießen und die Champignons darin andünsten, bis sie gar sind. Mit 100 ml Gemüsebrühe aufgießen und 4 Minuten köcheln lassen. Das Fleisch wieder zugeben und alles zusammen weitere 8 Minuten köcheln lassen. Das Fleisch soll gut durchgegart und innen nicht mehr rosa sein! Die Sauerrahmmasse unterrühren und die Mischung unter ständigem Rühren nochmals aufkochen lassen. Dann vom Herd nehmen und mit einem Schuss Balsamicoessig und zwei Tropfen Tabasco würzen. Nach Belieben mit Salz und Pfeffer abschmecken.
Während das Fleisch gart, Sellerie und Kartoffeln schälen und grob würfeln.
Die Zwiebel schälen, klein schneiden und in einem weiteren Kochtopf in der Butter anschwitzen. Kartoffel- und Selleriewürfel zugeben und mitrösten. Mit der übrigen Gemüsebrühe aufgießen und mit Salz, Pfeffer und Muskatnuss würzen. So lange garen, bis das Gemüse weich ist. Anschließend mit einem Stabmixer grob pürieren.
Bœuf Stroganoff und Püree mit frischem Schnittlauch servieren.

Rindschnitzel mit Kraut

Zutaten für 2 Personen

- 1 kleiner Kopf Weißkraut (500 g)
- 1 Zwiebel
- 2 EL Sonnenblumenöl
- 200 ml Gemüsebrühe
- Salz, Pfeffer
- 2 TL Kümmel
- 2 Rindschnitzel (250 g Gesamtgewicht)
- Etwas Zitronensaft
- 200 g Kartoffeln
- 2 EL frische Petersilie

So wird's gemacht

Vom Kraut die äußeren Blätter und den Strunk entfernen. Das Kraut in Streifen schneiden und gründlich waschen.
Die Zwiebel schälen und fein hacken. In 1 EL Öl glasig andünsten, dann das geschnittene Kraut zugeben. 2–3 Minuten unter ständigem Rühren dünsten und dann mit der Gemüsebrühe aufgießen. Salz, Pfeffer und Kümmel beigeben und bei mittlerer Hitze ca. 20 Minuten garen, bis das Kraut weich ist.
Die Kartoffeln waschen, mit Schale weich kochen, dann schälen.
Rindschnitzel waschen und flach klopfen. Mit Salz, Pfeffer und Zitronensaft würzen.
Das übrige Öl in einer Pfanne stark erhitzen und das Fleisch auf beiden Seiten anbraten, bis es gleichmäßig gar und weich ist. Vor dem Servieren das Fleisch in der Pfanne kurz rasten lassen.
Die Kartoffeln mit Salz und Pfeffer würzen und frische, geschnittene Petersilie darüber verteilen. Die Schnitzel zusammen mit Kraut und Kartoffeln servieren.

Nährwert pro Portion	
Energie	430 kcal
Eiweiß	42 g
Kohlenhydrate	28 g
Fett	14 g

Tipp: Zum Anbraten des Fleisches eignet sich statt Sonnenblumenöl auch Rapsöl. Wichtig ist, dass das zum Braten verwendete Öl stark erhitzbar ist – natives Olivenöl ist z. B. ungeeignet.

Reste gut verwerten

Variation: Krautfleckerl

Falls vom Kraut etwas übrigbleibt, kann man daraus schnelle Krautfleckerl zubereiten: Für 2 Personen brauchen Sie 220 g Fleckerlnudeln (oder andere kleine Pasta), etwas gekochten Schinken und das übrige Kraut. Kraut erwärmen, gewürfelten Schinken dazugeben und unter die gekochten Nudeln mischen. Gut würzen und mit frischem grünem Salat servieren.
Dieses Gericht ist in 10 Minuten zubereitet.

Kraut und Kohl liefern viel Vitamin C und wirken sich positiv auf unsere Immunabwehr aus. Zudem regen sie die Verdauung an und können Verstopfung entgegenwirken.

Eisen: Der Eisenbedarf ist in der Schwangerschaft besonders hoch! Sie können Ihre Eisenaufnahme verbessern, wenn Sie gleichzeitig mit dem eisenhaltigen Lebensmittel Vitamin C zu sich nehmen (z. B. Eisen aus Rindfleisch in Kombination mit Vitamin C aus Kraut). Eisenreiche Lebensmittel, geschickt mit Vitamin C aus Obst und Gemüse kombiniert, können also in Kürze die Eisenspeicher auffüllen. Eisen unterstützt außerdem die Leistungsfähigkeit und hilft dabei, fit zu bleiben!

Chinesische Hühnerpfanne

Zutaten für 3 Personen

- 200 g Jasminreis
- 500 g Hühnerbrustfilets
- 1 Stück Ingwerwurzel (ca. 3 cm breit)
- Schale und Saft von 1 Limette (unbehandelt)
- 2 Knoblauchzehen
- 5 EL Sojasauce
- 10 Tropfen Tabascosauce
- 250 g Karotten
- ½ Bund Frühlingszwiebeln
- 1 rote und 1 gelbe Paprikaschote
- 5 EL Pflanzenöl zum Braten
- Salz, Cayennepfeffer

Tipp: Die Filetstreifen können schon am Vortag mariniert werden – das Gericht ist dann besonders schnell zubereitet.

So wird's gemacht

Jasminreis laut Packungsanleitung zubereiten. Inzwischen die Hühnerbrustfilets waschen, trocken tupfen und in sehr schmale Streifen schneiden (oder vorgeschnitten kaufen). Das Fleisch in eine große Schüssel geben.
Ingwer schälen, fein raspeln oder schneiden und zum Fleisch geben. Die Limette heiß abspülen, die Schale abreiben und den Saft ausdrücken. Beides über das Fleisch geben. Die Knoblauchzehen schälen und ebenfalls über das Fleisch pressen. Die Filetstreifen anschließend in Soja- und Tabascosauce wenden.
Karotten, Frühlingszwiebeln und Paprikaschoten waschen. Karotten schälen und in schmale Scheiben schneiden. Von den Frühlingszwiebeln den weißen und hellgrünen Teil in feine Scheiben schneiden. Die Paprikaschoten halbieren, entkernen und in schmale Streifen schneiden.
In einer Bratpfanne die Hälfte vom Öl erhitzen. Karotten und Paprikastreifen darin unter Rühren 7–8 Minuten braten, die Frühlingszwiebeln dazugeben und weitere 3 Minuten braten.
In einer zweiten Bratpfanne das restliche Öl sehr heiß werden lassen. Das Fleisch zusammen mit der Marinade unter ständigem Rühren 3–4 Minuten gar dünsten. Das gegarte Gemüse unter das Fleisch mischen und alles zusammen nochmals zum Kochen bringen. Mit Salz und Cayennepfeffer nachwürzen und zusammen mit dem Reis sofort servieren.

Nährwert pro Portion	
Energie	517 kcal
Eiweiß	16 g
Kohlenhydrate	25 g
Fett	30 g

Faschierte Laibchen mit Spargelragout

Zutaten für 4 Personen

- 4 Scheiben Toastbrot
- 250 ml Milch
- 400 g Rinderhackfleisch
- 1 Eidotter
- 3 EL Petersilie, gehackt
- Muskatnuss, gerieben
- Salz, Cayennepfeffer
- 800 g grüner Spargel
- 1 Zwiebel
- 1 EL Butter
- 1 TL Kristallzucker
- 200 ml Gemüsebrühe
- 3 EL Crème fraîche
- 1 Zitrone
- 3 EL Rapsöl

So wird's gemacht

Toastbrot in Würfel schneiden und einige Minuten in der Milch einweichen.
Inzwischen Hackfleisch mit Eidotter und gehackter Petersilie vermengen. Das eingeweichte Toastbrot ausdrücken und zum Fleisch geben. Mit Salz, Cayennepfeffer und Muskat würzen, aus der Masse 8 kleine Laibchen formen und kalt stellen.
In der Zwischenzeit Spargel waschen, putzen und in 1 cm große Stücke schneiden. Die Zwiebel schälen und fein hacken.
In einem Kochtopf die Butter zerlassen und die Zwiebel darin glasig andünsten. Spargelstücke, Zucker und Salz zugeben und alles zusammen ca. 7 Minuten dünsten. Mit Gemüsebrühe aufgießen und mit Salz, Pfeffer und etwas Zitronensaft abschmecken.
Zum Schluss Crème fraîche zugeben und unter ständigem Rühren nochmals aufkochen lassen. Petersilie zugeben und auf der Herdplatte warmhalten, aber nicht mehr kochen.
In einer Pfanne das Öl erhitzen und die vorbereiteten Fleischlaibchen darin auf jeder Seite ca. 7 Minuten braten, bis sie gleichmäßig gar und goldbraun sind.
Zusammen mit dem Spargelragout anrichten und mit frischer Petersilie servieren.

Nährwert pro Portion	
Energie	475 kcal
Eiweiß	32 g
Kohlenhydrate	29 g
Fett	25 g

Hauptgerichte mit Fisch

Gebratener Zander mit Tomatenbulgur

Zutaten für 2 Personen

- 150 g Bulgur
- 3 EL Olivenöl
- 4 EL passierte Tomaten
- 2 EL Basilikum
- Salz, Pfeffer
- 2 Zanderfilets mit Haut (à ca. 150 g)
- Etwas Mehl

Tipp: Lassen Sie Ihre Schilddrüsenfunktion regelmäßig kontrollieren und konsultieren Sie bei diagnostizierter Über- bzw. Unterfunktion regelmäßig den Arzt.

So wird's gemacht

Bulgur entsprechend der Packungsanleitung kochen.
Anschließend in 1 EL Olivenöl kurz anschwitzen, passierte Tomaten dazugeben, gleichmäßig erwärmen und mit Salz und Pfeffer abschmecken.
Basilikum waschen und fein hacken, dann über die Bulgurmischung geben.
Die Fischfilets waschen, trocken tupfen, mit Salz und Pfeffer würzen und mit etwas Mehl bestäuben.
2 EL Olivenöl in einer Pfanne erhitzen und Fischfilets mit der Hautseite nach unten zugeben.
5 Minuten goldbraun braten, dann wenden und die Hitze reduzieren. Bei schwacher Hitze 4 Minuten fertig garen.

Nährwert pro Portion	
Energie	453 kcal
Eiweiß	36 g
Kohlenhydrate	56 g
Fett	7 g

Info: In Mitteleuropa sind schwangere Frauen manchmal mit Jod unterversorgt. Jod ist wichtig für die Entwicklung des Kindes. Im Speisesalz, das man im Supermarkt erhält, ist normalerweise genug Jod enthalten. In letzter Zeit haben auch diverse „Wundersalze" wie Himalayasalz, Ursalz, Kristallsalz oder ayurvedisches Salz große Beliebtheit erlangt. Sie unterscheiden sich nicht vom heimischen Salz, sind aber teuer und unjodiert! Die Verwendung solcher Salze kann einen Jodmangel daher eher begünstigen.

Lachsforellenfilets mit Kräutersauce und Reis mit Zuckerschoten

Zutaten für 2 Personen

80 g Basmatireis

150 g frische Zuckerschoten

1 EL Olivenöl

Salz, Pfeffer

2 Lachsforellenfilets

Saft von 1 Zitrone

Je 1 Bund Schnittlauch und Petersilie

3 TL Kerbel

150 g Crème fraîche

5 EL Fischfond (oder Gemüsebrühe)

3 TL Estragon-Senf (oder Dijon-Senf)

So wird's gemacht

Basmatireis waschen und in etwas Salzwasser nach Packungsanleitung kochen. Inzwischen Zuckerschoten waschen, in kleine Streifen schneiden und in etwas Öl 3 Minuten rundum anbraten. Reis mit Salz und Pfeffer abschmecken und Zuckerschoten dazugeben.

Fischfilets waschen und trocken tupfen. Mit Salz und Pfeffer würzen und mit etwas Zitronensaft beträufeln.

Den Backofen auf 200° C vorheizen. Eine feuerfeste Form mit etwas Olivenöl ausstreichen und die Fischfilets hineinlegen. Kräuter waschen, schneiden und einen Teil zum späteren Anrichten beiseite legen. Die restlichen Kräuter mit Crème fraîche vermischen und mit Fischfond und Senf glatt rühren. Die Sauce über den Filets verteilen. Den Fisch im Backofen ca. 20 Minuten garen, dann herausnehmen und zusammen mit dem Reis und frischen Kräutern servieren.

Nährwert pro Portion	
Energie	536 kcal
Eiweiß	38 g
Kohlenhydrate	43 g
Fett	23 g

Zuckerschoten haben eine kurze Saison. Kurz gegart schmecken sie am besten. Als knackige Zutat in einem gemischten Salat sind sie genauso köstlich wie in Wok-Gerichten. Im Gegensatz zu anderen Bohnen sind Zuckerschoten gut bekömmlich und blähen nicht. Darüber hinaus sind sie wahre Vitamin-C-Bomben!
Nach dem Blanchieren kalt abgeschreckt, behalten sie übrigens auch ihre grüne Farbe.

Variation: Wer keine Zuckerschoten bekommt, kann stattdessen naturbelassene Tiefkühlerbsen oder Sojabohnen verwenden.

Alpenlachs-Filet mit Basilikumschaum

Zutaten für 4 Personen

- 400 g Kartoffeln
- 3 EL Olivenöl
- Salz, Pfeffer
- 2 TL Rosmarin, gehackt (frisch oder getrocknet)
- 2 Frühlingszwiebeln
- 40 g Teebutter
- 1 EL Mehl
- 150 ml Gemüsebrühe
- 100 ml Sauerrahm
- 2 EL Joghurt
- 1 Bund Basilikum, gehackt
- 4 Alpenlachs-Filets (à ca. 150 g)
- Saft von 1 Limette
- 3 EL Kapernbeeren

So wird's gemacht

Den Backofen auf 180° C vorheizen.
Kartoffeln schälen, in Spalten schneiden und in einer ofenfesten Form verteilen. Mit etwas Olivenöl beträufeln, mit Salz und Pfeffer würzen und mit Rosmarin bestreuen. Im vorgeheizten Backofen 30–40 Minuten backen, bis die Kartoffeln weich und goldbraun sind.
Inzwischen Frühlingszwiebeln putzen, waschen und in Butter glasig dünsten. Mit Mehl bestäuben, kurz weiterbraten, dann mit Gemüsebrühe aufgießen. Sauerrahm und Joghurt beigeben, aufkochen und kurz einkochen lassen. Dann mit Salz und Pfeffer abschmecken. Basilikum unterrühren und die Sauce mit einem Stabmixer aufschäumen.
Die Lachsfilets waschen, trocken tupfen und mit Limettensaft beträufeln. Salzen und pfeffern. Öl in einer Pfanne erhitzen und die Lachsfilets auf beiden Seiten ca. 6 Minuten braten. Anschließend mit Kapernbeeren bestreuen und zu den Ofenkartoffeln servieren.

Nährwert pro Portion	
Energie	379 kcal
Eiweiß	32 g
Kohlenhydrate	19 g
Fett	18 g

Tipp: Wählen Sie Produkte mit Gütesiegel MSC (Marine Stewardship Council) für Wildfang und Gütesiegel ASC (Aquaculture Stewardship Council) für Zuchtfang.

Fisch: Achtung, nicht alle fettreichen Fischarten sind in der Schwangerschaft geeignet: Bei Thunfisch, Schwertfisch, Heilbutt, Hecht und Königsmakrele etwa ist der Methylquecksilbergehalt zu hoch. Das kann sich negativ auf die Gesundheit von Mutter und Kind auswirken. Diese Sorten sollen also während der Schwangerschaft nicht gegessen werden.
Heimische Fischsorten wie **Forelle, Saibling, Zander, Lachs** und **Hering** dagegen werden am besten regelmäßig in den Speiseplan integriert.
Wer Fisch nicht mag, kann durch einen Löffels Raps-, Walnuss- oder Leinöl mehr pro Tag den Bedarf an Omega-3-Fettsäuren decken. Sie unterstützen die Entwicklung der Augen, des Gehirns und des Nervensystems und können das Kind sogar vor späteren Allergien schützen.

Hauptgerichte ohne Fleisch

Cremiger Blumenkohl mit Mandeln

Zutaten für 2 Personen

- 1 kleiner Kopf Blumenkohl
- 2 EL Sonnenblumenöl
- Salz, Pfeffer
- Etwas Curry
- 1 TL gemahlener Kreuzkümmel
- 25 g Mandelblättchen
- 200 ml Gemüsebrühe
- 150 g Sauerrahm
- 1 TL Mehl
- 1 EL Kerbel

So wird's gemacht

Blumenkohl in kleine Röschen teilen und gründlich waschen. Öl in einem Topf erhitzen und die Röschen rundum anbraten. Mit Salz, Pfeffer, Kreuzkümmel und Curry würzen und Mandeln zugeben. Alles zusammen kurz weiterbraten, dann mit Gemüsebrühe ablöschen, aufkochen und ca. 8 Minuten kochen lassen, bis der Blumenkohl bissfest ist. Dann Mehl mit Sauerrahm glatt rühren und untermischen. Unter ständigem Rühren 1 weitere Minute aufkochen lassen.
Kerbel waschen, hacken, über dem Blumenkohl verteilen und anrichten.

Nährwert pro Portion	
Energie	157 kcal
Eiweiß	5 g
Kohlenhydrate	7 g
Fett	10 g

Tipp: Blumenkohl mit Mandeln eignet sich prima als Beilage oder Snack. Mit Kartoffeln oder Brot ist er aber auch eine leckere Hauptmahlzeit.

Mandeln: Wie alle Nüsse sind Mandeln fettreich. Es handelt sich aber um „gutes" Fett! Bei manchen Frauen hilft das langsame Kauen einiger Mandeln gegen Schwangerschaftsübelkeit. Süßmandeln sind vorzuziehen! Bittermandeln können ungekocht im Körper Blausäure abspalten, die als Zellgift gilt. Darauf ist in der Schwangerschaft unbedingt zu verzichten.

Blumenkohl liefert besonders viel wertvolle Folsäure und ist deshalb ein typisches „Schwangeren-Gemüse". Er enthält außerdem viele Ballaststoffe, die einer Verstopfung während der Schwangerschaft vorbeugen können.

Polenta mit Steinpilzsauce

Zutaten für 4 Personen

- 250 g Instant-Polenta (Maisgrieß)
- 20 g Bergkäse, gerieben
- 1 TL Suppenwürze
- 1 EL Olivenöl
- Salz, Pfeffer
- 1 Prise Muskatnuss, gerieben
- 400 g Steinpilze
- 2 Knoblauchzehen
- 2 EL Butter
- 30 g Sauerrahm
- 1 TL Mehl
- 3 EL Petersilie

So wird's gemacht

Polentagrieß mit Bergkäse vermischen und mit Wasser und Suppenwürze nach Packungsanleitung kochen.

Den Backofen auf 180° C vorheizen. Eine flache Backform mit etwas Olivenöl ausfetten und Polenta mit Salz, Pfeffer und Muskat würzen. Die Mischung flach in die Form streichen und 10 Minuten bei 180° C backen.

Inzwischen die Steinpilze trocken putzen, mit etwas Küchenpapier abreiben und in Scheiben schneiden. Knoblauch schälen und pressen.

In einer beschichteten Pfanne die Butter zerlassen, Steinpilze und Knoblauch zugeben und 5 Minuten scharf anbraten.

Sauerrahm mit Mehl glatt rühren und unter die Steinpilze heben. Mit Petersilie, Salz und Pfeffer würzen und nochmals kurz aufkochen lassen.

Polenta aus dem Ofen nehmen, in kleine Rauten schneiden und mit den Steinpilzen und etwas Petersilie anrichten.

Nährwert pro Portion	
Energie	525 kcal
Eiweiß	19 g
Kohlenhydrate	29 g
Fett	35 g

Vitamin D

Bewegung im Freien stärkt unsere Knochen. Das liegt daran, dass der Körper Vitamin D selbst produziert, wenn er der Sonne ausgesetzt ist. Gerade in den Wintermonaten reicht die Sonneneinstrahlung für die Eigenproduktion von Vitamin D oft nicht aus. Vor allem dann sind Lebensmittel wie Fisch, Eidotter und Pilze ideal, um den Körper zusätzlich mit Vitamin D zu versorgen. Ein guter Vitamin-D-Spiegel verbessert gleichzeitig die Aufnahme von Kalzium.

Schnelle Ricotta-Spinat-Nocken mit getrockneten Tomaten

Zutaten für 2 Personen

- 1 kleine Zwiebel
- 1 Knoblauchzehe
- 4 EL Olivenöl
- 250 g TK-Blattspinat
- 150 g Ricotta
- 2 Eier (klein)
- 70 g Mehl
- 1 Prise Muskatnuss, gerieben
- Salz, Pfeffer
- 8 sonnengetrocknete Tomaten (ohne Öl)
- 1 EL Salbei
- 3 EL Pinienkerne
- 3 EL Bergkäse, gerieben

Tipp: Spinat kühlt schnell ab, wenn man ihn für 10 Minuten in den Kühlschrank stellt. Für dieses Rezept sollte der Spinat kühl sein, weil sonst die Masse zu flüssig wird.

So wird's gemacht

Zwiebel und Knoblauch schälen und fein hacken. 2 EL Öl in einer beschichteten Pfanne erhitzen und die Zwiebel darin glasig dünsten. Spinat und Knoblauch zugeben und den Spinat unter ständigem Rühren auftauen lassen.

Ricotta mit Eiern und Mehl vermengen. Spinat abgießen, kurz abkühlen lassen, mit dem Messer zerkleinern und unter die Ricottamasse rühren. Mit Salz, Pfeffer und Muskatnuss würzen.

In einem Topf reichlich Salzwasser aufkochen. Aus der Ricottamasse mit einem Esslöffel Nocken ausstechen und im Salzwasser ca. 8 Minuten garen, bis sie an die Oberfläche steigen. Falls die Masse zu weich ist, etwas Mehl zugeben.

Getrocknete Tomaten in Streifen schneiden, mit etwas kochendem Wasser aufgießen und quellen lassen. In einer Pfanne das restliche Öl erhitzen, die Tomaten abgießen und im Öl anbraten. Salbei waschen, hacken und in der Pfanne mitgaren.

In einer weiteren, trockenen Pfanne die Pinienkerne 2 Minuten unter ständigem Rühren rösten.

Die Nocken mit den gegarten Tomaten anrichten und mit geriebenem Bergkäse und den gerösteten Pinienkernen bestreuen.

Nährwert pro Portion	
Energie	483 kcal
Eiweiß	30 g
Kohlenhydrate	31 g
Fett	25 g

Asiatische Gemüsepfanne mit gebratenem Tofu

Zutaten für 2 Personen

- 100 g Reis
- 2 kleine Knoblauchzehen (je nach Verträglichkeit)
- 1 TL Honig
- 7 EL Sojasauce
- 150 g Tofu, gewürfelt
- 2 Paprikaschoten
- 1 kleiner Kopf Brokkoli oder 1 kleine Zucchini
- 1 kleine Zwiebel
- 2 EL Rapsöl
- 1 Tasse TK-Erbsen (natur)
- 1 Prise Saucenbinder oder etwas Speisestärke
- Saft von 1 Limette
- Frische Minze nach Geschmack
- Salz, Pfeffer

Nährwert pro Portion	
Energie	489 kcal
Eiweiß	21 g
Kohlenhydrate	63 g
Fett	14 g

So wird's gemacht

Reis nach Packungsanleitung garen. Knoblauchzehen schälen und pressen.
Knoblauch mit Honig und Sojasauce vermischen und den gewürfelten Tofu darin ca. 30 Minuten marinieren.
Inzwischen die Paprika waschen, entkernen und in Streifen schneiden, Brokkoli in Röschen zerteilen und gründlich waschen, Zwiebel schälen und hacken.
1 EL Öl in einer beschichteten Pfanne erhitzen. Tofu aus der Marinade nehmen, abtropfen lassen und abtupfen. Die Marinade beiseite stellen. Den Tofu in der Pfanne scharf anbraten, dann herausnehmen.
Das restliche Öl in der Pfanne erhitzen und die Zwiebel darin glasig dünsten. Paprika und Brokkoli zugeben und alles zusammen 3 Minuten rundum anbraten. Mit 100 ml Wasser ablöschen und die übrige Marinade zugeben.
Die Erbsen tiefgekühlt hinzufügen, die Mischung 5–8 Minuten garen und danach mit etwas Saucenbinder oder Speisestärke eindicken.
Zum Schluss Tofu zugeben, mit erwärmen und alles mit Limettensaft, Salz und Pfeffer abschmecken. Mit Reis und nach Belieben mit frischer gehackter Minze servieren.

Variationen: Wer an Blähungen und Völlegefühl leidet, kann den Knoblauch weglassen und die Zwiebel etwas länger andünsten. Bei der Wahl der Sojasauce darauf achten, dass „natürlich gebraut" angegeben ist und kein zusätzlicher Zucker zugesetzt wurde. Zucker soll in den Zutaten nicht ausgewiesen sein!
Statt Tofu eignet sich auch Fleisch: Für zwei Personen sind – je nach Hunger – etwa 250 g ausreichend. Wer es mag und verträgt, kann statt Pfeffer auch Cayennepfeffer verwenden und/oder einige Chiliflocken dazugeben. Achtung: Bei Sodbrennen ist es besser, auf scharfe Gewürze zu verzichten!

Schnelles Kürbis-Spinat-Couscous

Zutaten für 2 Personen

200 g Couscous

200 g Hokkaido-Kürbis

1 TL Suppenwürze oder
1 Suppenwürfel

150 g Blattspinat

1 Knoblauchzehe

2 Frühlingszwiebeln

1 kleine Chilischote

2 EL Olivenöl

Muskatnuss, gerieben

Salz, Pfeffer

1 EL Zitronensaft

150 g Feta

So wird's gemacht

Couscous entsprechend der Packungsanleitung zubereiten.

Den Kürbis schälen und in kleine Würfel schneiden. Den Spinat waschen (oder Tiefkühlspinat nach Packungsanleitung auftauen).

Knoblauch schälen und feinblättrig schneiden, Frühlingszwiebeln waschen und in Ringe schneiden. Chilischote waschen, entkernen und hacken. Öl in einer Pfanne erhitzen und die Zwiebel darin glasig dünsten. Kürbis, Knoblauch und Chili zugeben und etwa 4 Minuten mitgaren. Mit ca. 400 ml Wasser aufgießen, Suppenwürze einstreuen und mit Salz und Pfeffer abschmecken. Zitronensaft zugeben.

Alles zusammen bei mittlerer Hitze 10 Minuten köcheln lassen. Dann Spinat mit etwas Muskat würzen, zum übrigen Gemüse geben und 2 Minuten mitgaren.

Den Feta würfeln. Gemüse mit dem Couscous vermischen und Feta untermengen. Gleich servieren.

Nährwert pro Portion	
Energie	690 kcal
Eiweiß	27 g
Kohlenhydrate	76 g
Fett	27 g

Spinat enthält mehr Eisen als so manches andere Gemüse. Dass Spinat nicht aufgewärmt werden darf, ist aber ein Mythos. Wenn warmer Spinat rasch wieder abgekühlt und gekühlt gelagert wird, kann er ruhigen Gewissens wieder erwärmt werden. Frisch zubereitet und gleich gegessen ist er aber am besten, es bleiben dann auch sämtliche Nährstoffe besser erhalten.

Steirisches Paprika-Kürbis-Omelett

Zutaten für 2 Personen

- 20 g geröstete Kürbiskerne
- 2 EL Schnittlauch
- 1 rote Paprikaschote
- 4 Eier
- Salz, Pfeffer
- 3 EL Parmesan, gerieben
- 1 EL Butter
- 2 Scheiben Vollkornbrot
- 1 Schuss Kürbiskernöl zum Anrichten

Kürbiskerne enthalten extrem viel Eisen und können so manche Suppe und so manchen Salat verfeinern.

So wird's gemacht

Kürbiskerne hacken. Schnittlauch waschen und in kleine Röllchen schneiden, Paprika waschen und in schmale Streifen schneiden.
Die Eier in einer Rührschüssel verquirlen, Salz, Pfeffer, Paprika, Kürbiskerne und Parmesan zugeben und gut verrühren.
Den Backofen auf 180° C vorheizen. Die Brotscheiben auf etwas Backpapier 10 Minuten rösten oder knapp vor dem Servieren kurz toasten.
In einer kleinen beschichteten Pfanne Butter zerlassen, die Eimasse hineingießen und das Omelett ca. 3 Minuten backen.
Den Pfannenstiel mit etwas Alufolie umwickeln, damit der Plastikstiel im Ofen nicht schmilzt. Die Pfanne bei leicht geöffneter Backofentür in den Ofen schieben und das Omelett mit der Grillfunktion 4 Minuten überbacken, bis es gleichmäßig bräunt.
Das Omelett aus dem Ofen nehmen, anrichten und mit etwas Kürbiskernöl beträufeln.

Nährwert pro Portion	
Energie	463 kcal
Eiweiß	26 g
Kohlenhydrate	26 g
Fett	26 g

Gefüllte Zucchini mit Hirse und schnellem Tsatsiki

Zutaten für 2 Personen

- 100 g Hirse
- 300 ml Gemüsebrühe
- 1 kleine Salatgurke
- 300 g griechisches Joghurt
- Salz, Pfeffer
- Etwas Zitronensaft
- Etwas frische Minze
- 1 Prise Paprikapulver edelsüß
- 1 kleine Zwiebel
- 2 Knoblauchzehen
- 2 Zucchini
- 3 EL Olivenöl
- Tomatenmark
- 2 EL Mandelblättchen
- 100 g Feta
- Frischer Kerbel und Basilikum nach Belieben

So wird's gemacht

Hirse entsprechend der Packungsanleitung in Gemüsebrühe garen.
Inzwischen die Gurke schälen, entkernen und raspeln. Mit Joghurt verrühren und mit Salz, Pfeffer und Zitrone abschmecken. Zum Schluss Paprikapulver und Minze beigeben und gut verrühren. Tsatsiki kühl stellen.
Knoblauch und Zwiebel schälen und fein hacken. Zucchini waschen, quer halbieren und mit einem Teelöffel aushöhlen. Das Fruchtfleisch beiseite stellen.
In einer Pfanne 2 EL Öl erhitzen und die Zwiebel darin 2 Minuten glasig dünsten. Zucchini-Fruchtfleisch und Knoblauch zugeben und kurz mitbraten. Gekochte Hirse, 2 EL Tomatenmark und Mandelblättchen hinzufügen und mit Salz und Pfeffer abschmecken.
Den Backofen auf 180° C vorheizen. Eine Auflaufform mit etwas Öl ausstreichen und die ausgehöhlten Zucchinihälften hineinlegen.
Die Hälften mit der Hirsemasse füllen und mit gewürfeltem Feta bestreuen. Mit dem verbleibenden Öl beträufeln und 10–15 Minuten im Backofen backen.
Mit frischen Kräutern und Tsatsiki servieren.

Nährwert pro Portion	
Energie	587 kcal
Eiweiß	23 g
Kohlenhydrate	47 g
Fett	31 g

Hirse: Im Gegensatz zu anderen Getreidesorten enthält Hirse kein Gluten und ist besonders leicht verdaulich. Bei schwangerschaftsbedingten Magen-Darm-Problemen ist Hirse eine wahre Wohltat für den gesamten Verdauungstrakt.

Tipp: Minze schmeckt sehr intensiv. Ein paar Blättchen reichen aus, um dem Tsatsiki die nötige Frische zu geben.

Bohnengulasch mit Ofenkartoffeln

Zutaten für 2 Personen

- 300 g grüne Bohnen
- 1 TL getrocknetes Bohnenkraut
- 1 rote Zwiebel
- 2 EL Rapsöl
- 1 TL Paprikapulver edelsüß
- 1 TL gemahlener Kümmel
- Salz, Pfeffer
- ½ Becher Sauerrahm
- 1 TL Mehl
- 4 mittelgroße Kartoffeln
- 40 g Sonnenblumenkerne
- 40 g Sesamsamen
- Etwas Olivenöl zum Ausfetten des Backblechs und zum Beträufeln der Kartoffeln
- Etwas frischer Dill nach Belieben

Tipp: Zu grünen Bohnen passt das pfeffrige Aroma von frischem Bohnenkraut, das einfach mitgekocht wird. Wenn Sie nicht den ganzen Bund gleich verwenden, schneiden Sie am besten die Stielenden ab und frischen sie in einem Glas kaltem Wasser ein. Damit bleiben die Kräuter ein paar Tage frisch. Das gilt übrigens für alle Kräuter!

So wird's gemacht

Bohnen putzen und gründlich waschen. In ausreichend leicht gesalzenem Wasser ca. 15 Minuten weich kochen und ins Kochwasser Bohnenkraut zugeben.

Die Bohnen anschließend abseihen und etwa 200 ml Kochwasser in einer Tasse auffangen.

Zwiebel schälen und hacken. In einer Pfanne Öl erhitzen und die Zwiebel darin glasig dünsten.

Bohnen dazugeben und 2 Minuten mitgaren, dann von der Herdplatte nehmen und Paprikapulver und Kümmel zugeben. Salzen und pfeffern.

Die Mischung mit dem Kochwasser von den Bohnen aufgießen und erneut erwärmen. Sauerrahm mit Mehl glatt rühren und unter die Bohnen mischen. Nochmals unter ständigem Rühren aufkochen lassen, dann vom Herd nehmen.

Die Kartoffeln waschen und mit der Schale ca. 15 Minuten kochen. Abtropfen lassen und in dicke Scheiben schneiden.

Den Backofen auf 200° C vorheizen. Ein Backblech mit etwas Öl ausstreichen und die Kartoffelscheiben darauf verteilen. Mit etwas Olivenöl beträufeln und mit Salz und Pfeffer würzen. Sonnenblumenkerne und Sesam darüberstreuen und etwa 20 Minuten backen, bis die Kartoffeln gar sind.

Das Bohnengulasch zusammen mit den Kartoffeln anrichten und nach Belieben mit etwas frischem Dill bestreuen.

Nährwert pro Portion	
Energie	560 kcal
Eiweiß	19 g
Kohlenhydrate	54 g
Fett	27 g

One-Pot-Pasta

Zutaten für 4 Personen

- 300 g Spaghetti oder andere Pasta (Kochzeit ca. 12 Minuten)
- 600 ml Wasser oder Gemüsebrühe
- 1 ½ große Zucchini, nicht zu klein gewürfelt
- 90 g Erbsen (frisch oder aufgetaut)
- 300 g Champignons, geviertelt
- 1 Knoblauchzehe, gepresst
- 40 g Sahne
- 70 g Parmesan, gerieben
- 1 Stängel Minze, abgezupft
- Salz und frisch gemahlener Pfeffer

So wird's gemacht

Für die One-Pot-Pasta zunächst alle Zutaten in einen hohen Topf füllen und mit Wasser oder Gemüsebrühe aufgießen. Alles zusammen zum Kochen bringen, die Hitze reduzieren und etwa 15–20 Minuten köcheln lassen. Immer wieder umrühren, damit nichts anbrennt.

Die One-Pot-Pasta ist fertig, wenn die Nudeln und das Gemüse weich sind (Vorsicht, die Nudeln sollen nicht verkochen).

Zum Schluss nochmals mit Salz und Pfeffer abschmecken, Sahne untermischen und vor dem Servieren kurz einwirken lassen.

Nährwert pro Portion	
Energie	442 kcal
Eiweiß	21 g
Kohlenhydrate	57 g
Fett	13 g

Gemüsepuffer

Zutaten für 2 Personen

- 50 g Vollkornmehl
- 1 Ei
- 1 EL Sahne
- Salz, Pfeffer
- ½ Zucchini
- 1 Stange Lauch
- 1 Schalotte (oder ½ Zwiebel)
- 25 g Parmesan, gerieben
- 2 TL Butter zum Dünsten
- 3 EL Pflanzenöl zum Ausbacken

So wird's gemacht

Vollkornmehl mit Ei, Sahne, Salz und Pfeffer zu einem Teig verrühren.

Zucchini grob hacken, den Lauch in feine Scheiben, die Schalotte in feine Würfel schneiden und das Gemüse in etwas Butter anschwitzen. Vom Herd nehmen und das Gemüse unter den Teig mischen.

In einer Pfanne Öl erhitzen, einen Löffel von der Teigmasse ins heiße Öl setzen und auf beiden Seiten goldgelb ausbacken. Herausnehmen und auf Küchenpapier abtropfen lassen.

Die Puffer auf einen vorgewärmten Teller setzen und mit frisch gehobeltem Parmesan bestreuen. Dazu passt sehr gut grüner Salat.

Nährwert pro Portion	
Energie	338 kcal
Eiweiß	12 g
Kohlenhydrate	19 g
Fett	23 g

Brokkoli-Kartoffel-Auflauf

Zutaten für 5 Personen

- 700 g Kartoffeln
- 500 g Brokkoli
- 1 Knoblauchzehe
- 250 ml Milch
- 2 Eier (groß)
- Salz, Pfeffer
- 1 Pkg. (ca. 200 g) Gouda oder anderer geriebener Käse

So wird's gemacht

Brokkoli in Röschen teilen und waschen. Kartoffeln schälen, in feine Scheiben schneiden und gemeinsam mit dem Brokkoli in einer Auflaufform verteilen.

Milch und Ei in einem Glas verquirlen und mit Salz und Pfeffer würzen. Knoblauch schälen, pressen, unter die Milch-Ei-Mischung rühren und die Mischung über dem Gemüse verteilen.

Den Auflauf mit geriebenem Käse bestreuen und bei 175° C für 45–60 Minuten goldbraun backen.

Nährwert pro Portion	
Energie	502 kcal
Eiweiß	33 g
Kohlenhydrate	31 g
Fett	26 g

Zwischenmahlzeiten und Energiekicks

Tipps gegen Müdigkeit

Die starke Müdigkeit im ersten Trimester der Schwangerschaft ist ganz normal. Fast alle Frauen sind davon betroffen. Der Körper benötigt jetzt eine Extraportion Energie. Während der Schwangerschaft produziert er zusätzliches Blut, braucht mehr Wasser und Nährstoffe und entwickelt eine höhere Herzrate.

Passen Sie Ihre Ernährung an die Bedürfnisse Ihres Körpers an!

- Nehmen Sie kleine Portionen zu sich und essen Sie dafür öfter und regelmäßig.
- Ein gutes Frühstück gibt Energie für den Tag.
- Achten Sie darauf, dass Sie genügend Eiweiß aufnehmen.
- Gesunde Snacks über den Tag verteilt können den Mehrbedarf an Energie (ca. 250 kcal) decken.
- Verzichten Sie zudem so weit wie möglich auf zuckerhaltige Getränke und gezuckerte Speisen.
- Energydrinks sind während der Schwangerschaft tabu!

Melone mit Limettenzucker

Zutaten für 2 Personen

- 2 TL Zucker
- 1 Limette (unbehandelt)
- Etwas frische Zitronenmelisse
- 500 g Wassermelone, gekühlt

Tipp: Dieses Gericht bekämpft Heißhunger auf gute und sichere Weise! Dazu passt ein leichtes, fruchtiges Sorbet (Rezept S. 103).

So wird's gemacht

Melone in Spalten schneiden und die Schale entfernen.
Die Zitronenmelisse hacken. Von der Limette die Schale abreiben und den Saft auspressen.
Zucker, Limettensaft, Limettenschale und Zitronenmelisse in einer Schüssel vermengen.
Die Mischung über die Melonenspalten träufeln und sofort genießen.

Nährwert pro Portion	
Energie	127 kcal
Eiweiß	2 g
Kohlenhydrate	27 g
Fett	1 g

selbst gemachte Essiggurken

Zutaten für 4 kleine Gläser

- 1 kg Einlegegurken
- 10 g Salz
- ½ TL Pfefferkörner
- ½ TL Pimentkörner
- 1 EL Senfkörner
- Dill nach Geschmack
- 500 ml Weißweinessig
- 50 g Zucker

So wird's gemacht

Gurken gründlich waschen und mit einer Nadel mehrmals einstechen. In eine Schüssel legen, mit Salz bestreuen und mit Wasser übergießen, bis sie vollständig bedeckt sind.

In der Lake einen Tag ziehen lassen. Dann das Salzwasser abgießen, die Gurken erneut waschen und gut abtropfen lassen.

4 kleine Gläser mit heißem Wasser auskochen.

Die Gurken in die Gläser schichten und Senfkörner, Pimentkörner, Pfefferkörner und Dillspitzen dazugeben.

Den Essig mit 400 ml Wasser verdünnen und in einem Topf zusammen mit dem Zucker aufkochen. Heiß über die Gurken gießen und die Gläser gut verschließen.

4 Wochen kühl und dunkel lagern, dann genießen.

Nährwert pro Portion	
Energie	111 kcal
Eiweiß	2 g
Kohlenhydrate	18 g
Fett	0 g

Selbst gemachtes Popcorn

Zutaten für 3 Personen

- 1 TL Sonnenblumenöl
- 40 g Popcornmais (Puffmais)
- 1 Prise Salz

So wird's gemacht

In einem großen Topf mit Deckel das Öl erhitzen. Die Maiskörner einstreuen und den Topf sofort mit dem Deckel verschließen.
Erst wenn kein Aufplatzen mehr zu hören ist, den Deckel abnehmen.
Das Popcorn in eine Schüssel füllen und mit Salz bestreuen.

Nährwert pro Portion	
Energie	41 kcal
Eiweiß	1 g
Kohlenhydrate	3 g
Fett	3 g

Hummus

Zutaten für 8 Personen

- 1 Dose Kirchererbsen (Abtropfgewicht 240 g)
- 1 Zwiebel
- 2 Knoblauchzehen
- 6 EL Olivenöl
- 2 TL Kreuzkümmel, gemahlen
- 1 Pkg. vorgegarte Rote Rüben
- 1–2 Limetten oder Zitronen

Kichererbsen sind eine gute Proteinquelle – insbesondere für alle, die sich vorwiegend vegetarisch ernähren. Zudem haben sie einen hohen Ballaststoffgehalt und wirken sich positiv auf die Darmgesundheit aus.

So wird's gemacht

Kirchererbsen mit Wasser abspülen und abseihen. Zwiebel und Knoblauch hacken. In einer Pfanne beides mit 1 EL Olivenöl anrösten, bis sie Farbe angenommen haben, danach Kreuzkümmel zugeben und kurz mitrösten. Mit allen übrigen Zutaten in eine Schüssel füllen und mit einem Stabmixer zu einer glatten Masse pürieren. Mit Zitronensaft, Salz und Pfeffer abschmecken.

Nährwert pro Portion	
Energie	90 kcal
Eiweiß	3 g
Kohlenhydrate	7 g
Fett	5 g

Steirischer Kürbiskernaufstrich

Zutaten für 2 Personen

- 100 g Magertopfen (Quark)
- 100 g Joghurt
- 1 TL Estragon-Senf
- 1 Schuss kohlensäurehaltiges Mineralwasser
- Saft von ½ Zitrone
- 20 g Kürbiskerne
- ½ Bund Schnittlauch
- 1 EL Kürbiskernöl
- Salz, Pfeffer
- 2 Tropfen Tabascosauce nach Belieben

So wird's gemacht

Topfen mit Joghurt, Senf, Zitronensaft und Mineralwasser cremig rühren.

Die Kürbiskerne in einer Pfanne ohne Öl kurz rösten, dann hacken.

Schnittlauch waschen und in kleine Röllchen schneiden. Kürbiskernöl unter die Topfenmasse rühren. Einen Teil der gerösteten Kürbiskerne unterheben und mit Salz, Pfeffer und Tabasco abschmecken.

Einige Zeit kalt stellen. Vor dem Servieren mit den übrigen Kürbiskernen bestreuen.

Nährwert pro Portion	
Energie	190 kcal
Eiweiß	12 g
Kohlenhydrate	8 g
Fett	12 g

Tipp: Dieser Aufstrich schmeckt hervorragend zu einer knusprigen Scheibe Schwarzbrot. Er kann aber auch als Dip mit Gemüsesticks serviert werden.

Avocado-Dip

Zutaten für 4 Personen

200 g Magertopfen (Quark)

1 Schuss Mineralwasser

2 EL Sauerrahm

Salz, Cayennepfeffer

2 EL Basilikum, gehackt

1 reife Avocado

Saft von ½ Zitrone

2 Tomaten

1 Knoblauchzehe

So wird's gemacht

Topfen mit einem Schuss Mineralwasser und Sauerrahm schaumig rühren, mit Salz und Cayennepfeffer würzen.

Basilikum waschen und hacken. Avocado schälen, entkernen und das Fruchtfleisch mit einer Gabel zerdrücken. Zitronensaft darüberträufeln.

Tomaten waschen und fein würfeln. Knoblauch pressen und zusammen mit dem Basilikum unter die Tomatenwürfel mischen.

Die Tomatenmischung und das Avocadomus unter die Topfenmasse rühren, gut vermischen und kalt stellen.

Aus dem Kühlschrank nehmen, bei Bedarf nochmals mit Salz und Pfeffer abschmecken und auf frischem Vollkornbrot oder zu Gemüsesticks servieren.

Nährwert pro Portion	
Energie	88 kcal
Eiweiß	7 g
Kohlenhydrate	4 g
Fett	5 g

Salate

Quinoa-Fenchel-Salat

Zutaten für 2 Personen

80 g Quinoa

1 EL Apfelessig

1 TL Honig

2 Limetten

1 große Fenchelknolle

3 EL Olivenöl

2 EL frische Minze

2 EL frischer Dill

1 grüne Chilischote

150 g Kichererbsen aus der Dose

1 Prise gemahlener Kreuzkümmel

100 g Feta

8 Walnüsse

Salz, Pfeffer

So wird's gemacht

Quinoa nach Packungsanleitung in Salzwasser kochen. Inzwischen Apfelessig, Honig, ½ TL Salz und etwas Limettensaft zu einem Dressing vermengen. Fenchel waschen und in dünne Scheiben schneiden.

In einer Pfanne 1 EL Olivenöl erhitzen und den Fenchel darin scharf anbraten, bis er etwas Farbe annimmt, dann die Hitze reduzieren und den Fenchel weich dünsten. Dressing zugeben und 2 Minuten weiterköcheln lassen. Dann vom Herd nehmen und abkühlen lassen.

Dill und Minze waschen und schneiden, Chilischote entkernen, waschen und hacken. Die Kichererbsen gründlich waschen und abtropfen lassen. Quinoa mit Fenchelgemüse und Kichererbsen in eine große Schüssel geben und mit frischen Kräutern, Kreuzkümmel, Chili, Salz und Pfeffer vermischen.

Die übrigen Limetten schälen und filetieren. Den Saft auffangen und mit dem restlichen Olivenöl vermengen. Limettenfilets klein schneiden und unter den Salat mischen.

Feta klein würfeln und Walnüsse hacken. Beides unter den Salat heben und vor dem Servieren mit Salz und Pfeffer abschmecken.

Nährwert pro Portion	
Energie	562 kcal
Eiweiß	20 g
Kohlenhydrate	45 g
Fett	31 g

Quinoa ist das gesündeste und bekömmlichste Getreide überhaupt. Zudem ist es problemlos und schnell zuzubereiten und kann natürlich auch vorgekocht werden. Quinoa ist unter den pflanzlichen Eiweißlieferanten ungeschlagener Sieger und außerdem glutenfrei. Das Extra-Plus: Quinoa liefert wertvolle Omega-3-Fettsäuren, Garanten für die optimale Entwicklung Ihres Babys.

Erfrischender Sommersalat aus Wassermelone, Feta und schwarzen Oliven

Zutaten für 2–4 Personen

- ½ rote Zwiebel
- Saft von 2 Zitronen
- ½ kernlose Wassermelone
- 250 g Schafskäse
- 1 Bund Petersilie
- 1 EL frische Minze
- 2 EL Olivenöl
- 100 g kernlose schwarze Oliven
- Pfeffer nach Geschmack

So wird's gemacht

Zwiebel schälen, hacken und mit Zitronensaft vermengen. Wassermelone und Schafskäse in mittelgroße Würfel schneiden. Petersilie und Minze waschen und fein hacken.
Alles in eine große Schüssel füllen, Öl und Oliven zugeben, gut umrühren und mit Pfeffer abschmecken.

Nährwert pro Portion	
Energie	322 kcal
Eiweiß	22 g
Kohlenhydrate	18 g
Fett	21 g

Kräuter-Tabouleh

Zutaten für 2 Personen

½ Tasse Bulgur
1 Bund Petersilie
1 EL frische Minze oder Zitronenmelisse
1 EL Schnittlauch
3 Frühlingszwiebeln
8 Cocktailtomaten
2 Limetten
100 g Kichererbsen aus der Dose
2 EL Olivenöl
Salz, Pfeffer

So wird's gemacht

Bulgur nach Packungsanleitung in Salzwasser kochen.
Inzwischen Petersilie, Minze und Schnittlauch waschen und hacken. Frühlingszwiebeln putzen, waschen und klein schneiden, die Tomaten waschen und halbieren.
Von den Limetten den Saft auspressen. Die Kichererbsen gut abspülen und abtropfen lassen.
Bis auf den Bulgur alle Zutaten in einer Schüssel vermischen, zum Schluss den Bulgur unterheben.
Öl zugeben und mit Salz und Pfeffer abschmecken.

Nährwert pro Portion	
Energie	380 kcal
Eiweiß	10 g
Kohlenhydrate	57 g
Fett	10 g

Tipp: Wer frische Kräuter für den Winter auf Lager haben möchte, kann diese gewaschen und geschnitten in Eiswürfelbehälter füllen, mit Wasser aufgießen und einfrieren. So schmecken sie aufgetaut wie frisch geerntet.

Tipp: Dieses Gericht ist zusammen mit einer knusprigen Scheibe Vollkornbrot eine leichte und erfrischende Sommermahlzeit.

Roter Linsensalat mit Hühnerbrust

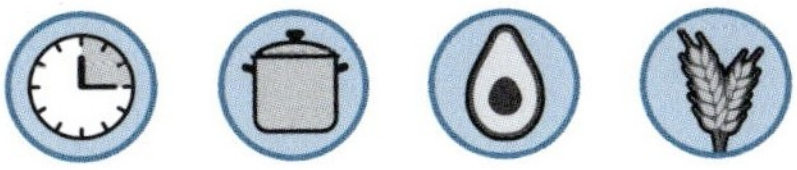

Zutaten für 2 Personen

- 150 g rote Linsen
- 50 g TK-Sojabohnen (natur)
- 3 Radieschen
- 1 Handvoll Rucola
- 3 EL Apfelessig
- 2 EL Olivenöl
- 1 kleines Stück Ingwerwurzel, gehackt
- ½ TL Honig
- 200 g Hühnerbrustfilet
- 1 EL Rapsöl
- Salz, Pfeffer

So wird's gemacht

Rote Linsen waschen und etwa 10 Minuten weich garen. Sojabohnen nach Packungsanweisung auftauen.

Radieschen putzen, waschen und in feine Scheiben schneiden. Rucola waschen und schneiden. Für das Dressing Apfelessig mit Olivenöl, gehacktem Ingwer und Honig vermischen. Linsen, Sojabohnen, Rucola und Radieschen in eine Schüssel füllen und das Dressing unterheben. Mindestens 15 Minuten ziehen lassen, damit der Salat schön saftig wird.

Inzwischen das Hühnerbrustfilet waschen, trocken tupfen und in Streifen schneiden. Salzen und pfeffern.

Das Fleisch in etwas Rapsöl goldgelb anbraten und sofort mit dem Salat servieren.

Nährwert pro Portion	
Energie	569 kcal
Eiweiß	50 g
Kohlenhydrate	41 g
Fett	19 g

Mediterraner Reissalat

Zutaten für 4 Personen

- 250 g Langkornreis
- 2 Paprikaschoten
- 50 g Cherrytomaten
- 200 g Rucola
- 250 g Mozzarella
- 1 kleine Dose Mais
- 4 EL Balsamicoessig
- 4 EL Olivenöl
- 1 TL Dijon-Senf
- Salz, Pfeffer

So wird's gemacht

Reis laut Packungsanweisung in gesalzenem Wasser kochen, dann abkühlen lassen.
Paprika und Tomaten waschen und klein schneiden. Rucola waschen und locker zerpflücken. Mozzarella in kleine Würfel schneiden. Mais gründlich waschen und abtropfen lassen.
Für das Dressing Balsamicoessig, Olivenöl und Senf verrühren. Alle Zutaten vermischen und den Salat vor dem Servieren mit Salz und Pfeffer abschmecken.

Nährwert pro Portion	
Energie	410 kcal
Eiweiß	16 g
Kohlenhydrate	62 g
Fett	9 g

Tipp: Der Salat wird besonders saftig, wenn er über Nacht durchziehen kann.

Steirischer Rindfleischsalat

Zutaten für 4 Personen

- 600 g gekochtes Rindfleisch
- 2 rote Zwiebeln
- 5 Essiggurken
- 500 g Käferbohnen aus der Dose
- 6 EL Apfelessig
- 4 EL Kürbiskernöl
- Salz, Pfeffer
- 1 Bund Petersilie

So wird's gemacht

Gekochtes Rindfleisch in feine Streifen schneiden.
Die Zwiebel schälen, in feine Ringe schneiden und zum Rindfleisch geben. Bohnen abgießen, gründlich waschen und ebenfalls zugeben. Die Mischung mit reichlich Salz und Pfeffer würzen und mit Essig marinieren. Einige Minuten durchziehen lassen.
Inzwischen Petersilie waschen und hacken.
Vor dem Anrichten den Salat mit Kernöl beträufeln und mit frischer Petersilie garnieren.

Nährwert pro Portion	
Energie	315 kcal
Eiweiß	45 g
Kohlenhydrate	5 g
Fett	12 g

Tipp: Dazu schmeckt prima ein Vollkorn- oder Kürbiskernbrötchen oder eine knusprige Scheibe Dinkelbrot.

Bunter Hirtensalat mit Hüttenkäse

Zutaten für 2 Personen

- 1 rote Zwiebel
- 1 Knoblauchzehe
- ½ Salatgurke
- 250 g Tomaten
- 150 g Karotten
- 1 Kopf Kopfsalat (oder Feldsalat, nach Saison)
- 300 g Cottage Cheese
- 2 EL Olivenöl
- 3 EL Apfelessig
- Salz, Pfeffer
- 1 Bund Schnittlauch

Tipp: Bei Verdauungsproblemen den Knoblauch einfach weglassen und die Karotten vorher kurz blanchieren: Dadurch können die Vitamine aus der Karotte besser aufgenommen werden, das Gemüse wird verträglicher.

So wird's gemacht

Zwiebel und Knoblauch schälen und hacken. Gurke und Karotten schälen und in Würfel oder Scheiben schneiden. Die Tomaten waschen und ebenfalls in Scheiben schneiden, Salat gründlich waschen und abtropfen lassen.
Alles in eine große Schüssel geben und mit Salz und Pfeffer würzen. Zuerst Essig, dann Olivenöl direkt über den Salat träufeln und alles gut vermischen.
Schnittlauch waschen und in kleine Röllchen schneiden. Den Salat mit Cottage Cheese anrichten und mit Schnittlauch bestreuen.

Nährwert pro Portion	
Energie	270 kcal
Eiweiß	24 g
Kohlenhydrate	15 g
Fett	10 g

Grüner Salat: Salat (besonders Feldsalat) enthält nennenswerte Mengen an Eisen und Folsäure. Kaufen Sie am besten frischen Salat der Saison, so lassen sich Produkte aus dem Glashaus vermeiden. Während der Schwangerschaft nicht gut geeignet sind abgepackte vorgewaschene Salate: Die Keimbelastung kann sehr hoch sein und eine Lebensmittelinfektion auslösen.

Für den süßen Gaumen

Joghurt-Heidelbeer-Kuchen

Zutaten für 1 Backblech (ca. 14 Stück)

- 250 ml Joghurt (1 % Fett)
- 1 Pkg. Vanillezucker
- Abgeriebene Schale von ½ Zitrone
- 150 g Puderzucker
- 3 Eier (groß)
- 120 ml Rapsöl
- 300 g Mehl (150 g Vollkorn, 150 g Weizen universal)
- ½ Pkg. Backpulver
- 400 g Heidelbeeren
- 3 EL Puderzucker
- 1 frische Vanilleschote
- 50 g Mandelblättchen
- Etwas Butter für das Backblech

So wird's gemacht

Ein Backblech mit Butter ausfetten und den Backofen auf 180° C vorheizen.
Joghurt mit Vanillezucker, Zitronenschale und 150 g Puderzucker in einer Schüssel verrühren und die Eier einzeln hineinschlagen. Zum Schluss das Öl unterrühren.
In einer zweiten Schüssel Mehl und Backpulver vermischen und beides nach und nach unter die Eiermasse heben, bis ein zähflüssiger Teig entsteht. Den Teig gleichmäßig auf dem Bachblech verstreichen.
Die Heidelbeeren gründlich waschen und abtropfen lassen. Die Vanilleschote halbieren und das Mark auskratzen. Die Heidelbeeren mit 3 EL Puderzucker und Vanillemark vermischen, auf dem Teig verteilen und mit Mandelblättchen bestreuen.
Den Kuchen ca. 30 Minuten bei 180° C goldbraun backen.

Nährwert pro Portion	
Energie	239 kcal
Eiweiß	5 g
Kohlenhydrate	28 g
Fett	11 g

Tipp: Statt frischer Heidelbeeren können auch tiefgefrorene verwendet werden.

Saftiger Marillen-Brombeer-Kuchen

Zutaten für 1 Backblech (ca. 14 Stück)

- 600 g frische Marillen (Aprikosen)
- 200 g Brombeeren
- 200 g Butter
- 150 g Puderzucker
- 1 Pkg. Vanillezucker
- 5 Eier (klein)
- 250 g Topfen (Quark, 10 % Fett)
- 3 EL Orangensaft
- 100 g Weizenmehl
- 150 g Dinkelmehl
- ½ Pkg. Backpulver
- 40 g Mandelblättchen

So wird's gemacht

Marillen waschen, halbieren und entkernen. Brombeeren waschen und abtropfen lassen.
Den Backofen auf 180° C vorheizen.
Die Butter weich werden lassen, danach mit dem Mixer Zucker und Vanillezucker untermengen und alles zusammen schaumig rühren. Die Eier nach und nach hineinschlagen. Topfen und Orangensaft einrühren.
In einer weiteren Schüssel beide Mehlsorten und Backpulver vermischen und unter die Eiermasse heben.
Ein Backblech ausfetten und den Teig gleichmäßig darauf verstreichen. Das Obst auf dem Teig verteilen und mit Mandelblättchen bestreuen.
Im Backofen bei 180° C etwa 40 Minuten backen.
Auskühlen lassen und servieren.

Nährwert pro Portion	
Energie	290 kcal
Eiweiß	8 g
Kohlenhydrate	29 g
Fett	16 g

Tipp: Im Juli und August sind die heimischen Marillen reif. Sie sollten schnell weiterverarbeitet werden, weil sie sonst weich werden und nicht mehr gut schmecken. Am besten bewahrt man sie im Kühlschrank auf und achtet darauf, dass sie genügend Platz haben und nicht zerdrückt werden. Die Früchte eignen sich hervorragend zum Einfrieren. Als Marillenröster peppen sie Süßspeisen wie Kaiserschmarrn oder Topfenknödel auf.

Tarte Tatin mit Birnen

Zutaten für 10 Stück

250 g Mehl
40 g Puderzucker
1 Prise Salz
120 g Butter
1 Ei
500 g Birne
½ TL Zimt
2 EL Kristallzucker
Saft von 1 Zitrone
1 Prise Bourbon-Vanille

Tipp: Damit der Teig nicht am Teigroller haften bleibt, kann man ihn auch zwischen zwei Schichten Frischhaltefolie ausrollen.
Falls der Teig zu trocken wird, am besten einen Schuss Milch hinzufügen. Das macht ihn geschmeidiger.

So wird's gemacht

Mehl mit Puderzucker und Salz vermischen.
Die kalte Butter in kleine Stücke schneiden, dann die Mehlmischung und die Butter locker mit den Fingern verkneten. Das Ei vorsichtig einkneten und alles zu einem glatten Mürbeteig verarbeiten.
Den Teig in Frischhaltefolie wickeln und 30 Minuten kalt stellen.
In der Zwischenzeit Birnen schälen und Kerngehäuse entfernen. In dünne Spalten schneiden und mit Zimt, Kristallzucker, Vanille und Zitronensaft vermischen.
Den Backofen auf 200° C (Umluft 180° C) vorheizen.
Den Teig auf einer bemehlten Arbeitsfläche dünn ausrollen (auch den Teigroller mit Mehl bestäuben). Ein Backblech mit Backpapier auslegen und den Teig daraufbreiten.
Den Teig mit Birnenspalten belegen, dabei rundum einen Rand frei lassen. Dann die Ränder einschlagen, sodass die äußersten Birnenspalten teilweise vom Teig bedeckt sind.
Im vorgeheizten Backofen 35 Minuten goldbraun backen.

Nährwert pro Portion	
Energie	232 kcal
Eiweiß	4 g
Kohlenhydrate	28 g
Fett	11 g

Feiner Pfirsich-Crumble

Zutaten für 4 Personen

- 400 g frische Pfirsiche
- Butter für die Form
- 1 EL Honig
- Saft und Schale von ½ unbehandelten Zitrone
- 50 g Dinkelmehl
- 40 g Kristallzucker
- 20 g gehackte Walnüsse
- 20 g gehackte Pistazien
- 1 Prise Zimt
- 1 Pkg. Vanillezucker
- 25 g Haferflocken
- 60 g kalte Butter

So wird's gemacht

Den Backofen auf 220° C vorheizen.
Pfirsiche gründlich waschen, entkernen und in nicht zu kleine Spalten schneiden. Eine Auflaufform mit Butter ausfetten und die Pfirsichstücke hineinschichten.
Honig mit Zitronensaft und abgeriebener Zitronenschale vermengen und über den Pfirsichen verteilen.
In einer weiteren Schüssel Mehl, Zucker, Walnüsse, Pistazien, Zimt, Vanillezucker und Haferflocken vermischen. Die kalte Butter in kleine Stücke schneiden, Butter und Mehlmasse mit den Fingern zu groben Streuseln verreiben.
Die Streusel auf den Früchten verteilen und den Crumble im Ofen ca. 20 Minuten goldbraun backen.

Nährwert pro Portion	
Energie	311 kcal
Eiweiß	5 g
Kohlenhydrate	25 g
Fett	20 g

Info: Dieses fruchtige Dessert aus England kann mit verschiedensten saisonalen Obstsorten zubereitet werden. Die leichte Säure aus Stachelbeeren etwa schmeckt sehr erfrischend. Stachelbeeren werden leider nur selten angeboten. Für die Schwangerschaft sind sie wegen ihres hohen Folsäuregehalts wunderbar geeignet. Darüber hinaus sind sie Vitamin-C-Bomben und eignen sich auch als Kompott oder Konfitüre. Lecker schmeckt der Crumble auch mit Vanillepudding oder etwas Vanilleeis.

Luftige Brownies

Zutaten für ca. 6 Stück

- 1 TL Rapsöl
- 60 g Kochschokolade
- 60 g Butter
- 200 g Zucker
- 1 Pkg. Vanillezucker
- 40 g Mehl
- 5 EL gehackte Walnüsse
- 50 g Kakaopulver
- 1 Prise Salz
- 2 Eier (groß)
- 100 ml Buttermilch

So wird's gemacht

Den Backofen auf 180° C vorheizen und eine kleine Backform mit Öl ausfetten.

In einem kleinen Topf Schokolade und Butter zerlassen, bis die Schokolade zur Gänze geschmolzen ist.

In einer Rührschüssel Zucker und Vanillezucker mit Mehl, Nüssen, Kakao und Salz vermischen. In einer weiteren Schüssel Eier, Buttermilch und die flüssige Schokolade-Butter-Mischung glatt rühren.

Die Eiermischung langsam unter die Mehlmischung heben, bis ein zähflüssiger Teig entsteht.

Den Teig in die Backform füllen und ca. 30 Minuten backen.

Mit einem Zahnstocher die Garprobe machen: Wenn kein Teig mehr am Zahnstocher haftet, sind die Brownies gar. Nach 30 Minuten sollte sich außerdem an der Oberfläche eine schöne Kruste gebildet haben.

Aus dem Ofen nehmen, in Stücke schneiden und genießen.

Nährwert pro Portion	
Energie	333 kcal
Eiweiß	5 g
Kohlenhydrate	42 g
Fett	15 g

Marillen-Erdbeer-Strudel

Zutaten für 4 Personen

- 1 EL Butter
- 400 g Marillen (Aprikosen)
- 150 g Erdbeeren
- 1 EL frische Minze
- ½ Pkg. Vanillezucker
- 1 EL Kristallzucker
- 1 EL Vollkorn-Semmelbrösel (Paniermehl)
- 2 Blätter Strudelteig (gezogen)
- 1 EL Sonnenblumenöl
- 1 Ei

Tipp: Der Strudel schmeckt besonders gut, wenn er noch warm mit etwas Vanilleeis serviert wird.
Er kann auch portioniert und eingefroren werden.

So wird's gemacht

Die Marillen waschen, entkernen und in Spalten schneiden. 1 EL Butter in einer Pfanne erhitzen und die Marillen darin 4 Minuten dünsten. Erdbeeren waschen und in kleine Stücke schneiden. Minze waschen und hacken. Marillen mit Erdbeeren, Vanillezucker, Kristallzucker und Minze vermischen.
Den Backofen auf 180° C vorheizen.
Auf einem feuchten Geschirrtuch ein Strudelblatt aufbreiten und mit etwas Öl bepinseln. Semmelbrösel gleichmäßig auf dem Teigblatt verteilen und mit dem zweiten Teigblatt bedecken.
Nun die Fruchtmischung auf dem Teig verteilen, an den Enden etwas Rand frei lassen und mithilfe des Geschirrtuchs den Strudel langsam einrollen. An den Enden einschlagen und den Teig mit etwas verquirltem Ei bepinseln.
Im Ofen ca. 35 Minuten goldbraun backen.

Nährwert pro Portion	
Energie	193 kcal
Eiweiß	4 g
Kohlenhydrate	18 g
Fett	10 g

Leichtes Limetten-Minz-Sorbet

Zutaten für 4 Personen

- 400 ml Wasser
- 100 g Zucker
- 1 EL Ingwerwurzel, frisch gerieben
- 2 TL frische Minze, fein gehackt
- 2 EL abgeriebene Limettenschale
- 150 ml Limettensaft

So wird's gemacht

In einem Topf Wasser, Zucker, Ingwer und Minze aufkochen. Limettenschale und Limettensaft zugeben.
Vom Herd nehmen, in eine flache, gefriertaugliche Schüssel füllen und im Tiefkühler gefrieren lassen.
Die gefrorene Masse aus der Schale lösen und mit dem Mixer 10 Sekunden pürieren.
Das Sorbet sofort servieren.

Nährwert pro Portion	
Energie	135 kcal
Eiweiß	0,2 g
Kohlenhydrate	30 g
Fett	0,6 g

Vollkornmuffins

Zutaten für 12 Muffins

- 80 g Walnüsse
- 150 g Heidelbeeren (frisch oder tiefgefroren)
- 100 g Vollkornmehl
- 100 g Weizenmehl
- 50 g Zucker
- 2 TL Kakaopulver
- 2 TL Backpulver
- 1 EL Speisestärke
- 80 ml Wasser
- 200 g Buttermilch
- 60 ml Walnussöl
- Saft von ½ Zitrone

So wird's gemacht

Den Backofen auf 180° C vorheizen.
Walnüsse hacken, Heidelbeeren gründlich waschen und trocken tupfen.
In einer Schüssel Mehl mit Zucker, Kakaopulver und Backpulver vermischen. In einer weiteren Schüssel Speisestärke, Wasser, Buttermilch, Öl und Zitronensaft verrühren.
Die flüssigen Zutaten unter die Mehlmasse heben, Beeren und Nüsse einrühren.
Den Teig in 12 Muffinformen füllen und im vorgeheizten Backofen etwa 20 Minuten backen.

Nährwert pro Portion	
Energie	136 kcal
Eiweiß	3,45 g
Kohlenhydrate	17,4 g
Fett	5,7 g

Tipp: Diese Muffins enthalten sehr wenig Zucker. Wenn Sie es lieber süßer mögen, können Sie etwas mehr Zucker zugeben oder die fertigen Muffins mit etwas Puderzucker bestreuen.

Fruchtiger Topfen-Grieß-Auflauf

Zutaten für 4 Personen

Fett und Semmelbrösel (Paniermehl) für die Form

5 Marillen (Aprikosen) oder anderes Obst

3 Eier

1 Vanilleschote

125 g Zucker

500 g Topfen (Quark, 10 % Fett)

½ Pkg. Backpulver

75 g Grieß

Tipp: Wer Lust auf eine süße Hauptspeise hat, kann den Topfen-Grieß-Auflauf mit Kompott servieren.

So wird's gemacht

Eine Auflaufform ausfetten und mit Semmelbröseln bestreuen. Das Obst in der Auflaufform verteilen, dabei einen kleinen Teil zur Dekoration beiseite legen.

Die Eier trennen. Eiweiß mit einer Prise Salz zu Schnee schlagen.

Die Vanilleschote mit einem Messer einschneiden, das Mark auskratzen und mit dem Eigelb vermischen. Eigelb und Zucker verrühren und ca. 5 Minuten mit dem Mixer zu Creme schlagen. Anschließend Topfen unterheben.

Backpulver mit Grieß vermischen und alles unter die Topfen-Ei-Creme rühren. Eischnee unterziehen und die Früchte in der Backform mit der Mischung übergießen. Mit den übrigen Früchten dekorieren und alles bei 200° C ca. 40 Minuten im Ofen backen.

Nährwert pro Portion	
Energie	397 kcal
Eiweiß	22 g
Kohlenhydrate	56 g
Fett	8 g

Getränke

Trinken hält uns vital und gesund – nicht nur während der Schwangerschaft. Jetzt ist es jedoch besonders wichtig, auf regelmäßige Flüssigkeitszufuhr zu achten. Etwas mehr als 2 Liter pro Tag sollten es sein. Das entspricht mindestens 8 Gläsern. Am besten geeignet sind Mineralwässer, Leitungswasser und ungesüßte Früchte- und Kräutertees. Über die Wirkung von Kräutertees in der Schwangerschaft ist leider noch nicht viel bekannt. Es gibt aber einige Teesorten, die als sicher gelten, dazu zählt z. B. Fencheltee oder Melissentee. Am besten lassen Sie sich in der Apotheke beraten. Hier ein paar Rezepte für zwischendurch, die für Geschmack und Abwechslung sorgen.

Tipp

Wegen des hohen Koffeingehalts sollte man während der Schwangerschaft Kaffee, schwarzen und grünen Tee – wenn überhaupt – nur in kleinen Mengen trinken. Zwei bis drei Tassen pro Tag werden toleriert. Kaffeegenuss kann allerdings Sodbrennen fördern und/oder unruhig machen. Es ist daher ratsam, den Kaffeekonsum auf unter 3 Tassen zu reduzieren oder während der Schwangerschaft vollständig darauf zu verzichten. Viele Frauen haben zu Beginn der Schwangerschaft gar keine Lust auf Kaffee – der Körper zeigt hier ohnehin, was er braucht.

Alkohol und Energydrinks sind gänzlich tabu! Chininhaltige Getränke wie Tonic Water und Bitter Lemon wiederum können Wehen auslösen. Am besten verzichtet man auf diese Getränke.

Selbst gemachter Weichselsirup

Zutaten für 2 Liter Saft

- 2 kg reife Weichseln (Sauerkirschen)
- 250 g Kristallzucker
- 1 Bund Zitronenmelisse

Tipp: Die geöffnete Flasche im Kühlschrank lagern und innerhalb einer Woche verbrauchen!

So wird's gemacht

Sauerkirschen gründlich waschen, entkernen und mit einem Entsafter den Saft auspressen.
Zitronenmelisse gründlich waschen und unzerkleinert in ein großes Tee-Ei geben.
In einem großen Kochtopf den Saft zusammen mit Zitronenmelisse und Zucker aufkochen und 8 Minuten köcheln lassen. Die Mischung heiß in gut gereinigte Glasflaschen füllen und sofort verschließen.
Abkühlen lassen und kühl und dunkel lagern.
Vor dem Servieren mit Mineralwasser aufgießen, nach Belieben frische Zitronenmelisse ins Glas geben und genießen.

Erdbeer-Soja-Drink

Zutaten für 2 Personen

- 500 ml Sojamilch
- 2 EL Joghurt
- 1 EL Honig
- Saft von ½ Orange
- 150 g Erdbeeren

Tipp: Dieser Drink kann natürlich auch mit Himbeeren, Brombeeren oder Heidelbeeren zubereitet werden.

So wird's gemacht

Erdbeeren waschen und klein schneiden.
Alle Zutaten in ein Gefäß geben und mit dem Stabmixer pürieren.

Nährwert pro Portion	
Energie	121 kcal
Eiweiß	9 g
Kohlenhydrate	13 g
Fett	2 g

Fruchtige Apfelbowle

Zutaten für 4 Personen

- 1 l Pfefferminztee, abgekühlt
- Schalen von ½ kg Bio-Äpfel

So wird's gemacht

Pfefferminztee mit kochendem Wasser aufgießen, 5 Minuten ziehen lassen und danach kalt stellen. Äpfel gründlich waschen, schälen und die Schalen in den abgekühlten Tee geben. Einige Stunden ziehen lassen.

Den Tee gekühlt und mit Eiswürfeln servieren.

Tipp: Dieses Getränk eignet sich hervorragend als gesunde Alternative zu Wasser. Man kann es mit ein wenig Honig süßen. Die bunte Schale des Apfels sieht auch sehr hübsch aus.

Apfel-Fenchel-Winterwärmer

Zutaten für 2 Tassen

- 2 Beutel Fencheltee (oder 2 TL loser Fencheltee)
- 250 ml Apfelsaft
- ½ süßer Apfel (z. B. Gala)
- 1 Prise Zimt
- 2 Gewürznelken
- 250 ml kochendes Wasser

So wird's gemacht

Tee mit kochendem Wasser aufgießen und 5 Minuten ziehen lassen. Den Apfel klein würfeln. Tee zusammen mit Apfelsaft und Apfelwürfeln in einen Kochtopf füllen, Zimt und Gewürznelken zugeben und 2 Minuten köcheln lassen. Dann servieren.

Tipp: Fenchel hilft bei Blähungen, Sodbrennen und Völlegefühl. Wer es süß mag, kann einen Löffel Honig dazugeben.

Wassermelonen-Bowle

Zutaten für 4 Gläser

- 1 Wassermelone ohne Kerne
- 500 ml Mineralwasser
- 1 Handvoll Zitronenmelisse

So wird's gemacht

Wassermelone klein würfelig schneiden und in einer großen Schüssel mit Mineralwasser aufgießen. Zitronenmelisse zugeben und mindestens 20 Minuten ziehen lassen.

Nach Belieben mit Eiswürfeln servieren.

Rezeptverzeichnis

Frühstück 34

Suppen 44

Hauptgerichte 51

Hauptgerichte mit Fleisch 51

Hauptgerichte mit Fisch 58

Hauptgerichte ohne Fleisch 62

Zwischenmahlzeiten und Energiekicks 77

Salate 87

Für den süßen Gaumen 96

Abkürzungsverzeichnis

EL … Esslöffel
g … Gramm
kg … Kilogramm
l … Liter
ml … Milliliter
Pkg. … Packung, Päckchen
TL … Teelöffel

Literatur

Hittaller, A.; Ruso, P.; Meidlinger, B. (2013) Gut für mich – gut für dich: Ernährung in der Stillzeit. Wien: maudrich. ISBN 978-385-175-9846

Bühling, K.J.; Wäscher, C.; Dudenhausen, J. W. (2013) Gestationsdiabetes – Ernährung in der Schwangerschaft. Hamburg: Akademos. ISBN 978-3-86748-020-8

Weiterführende Links

Arbeitsgemeinschaft Gesundheitsförderung:
www.argef.at

Ernährungsberatung Ariane Hitthaller:
www.hitthaller.com

Babycouch:
www.babycouch.at

Richtig essen von Anfang an:
www.richtigessenvonanfangan.at

Infobroschüren des österreichischen Gesundheitsministeriums zu Ernährung und Schwangerschaft:
www.bmg.gv.at/home/Service/Broschueren

Informationen des deutschen Ministeriums für Ernährung:
http://www.bmel.de/DE/Ernaehrung/GesundeErnaehrung/SchwangerschaftBaby/schwangerschaft_node.html

Die Autorinnen

Mag. Ariane Hitthaller, MSc

Ernährungswissenschaftlerin, Stressmanagement-Consultant und Heilmasseurin. Ernährungswissenschaftliche Beraterin mit orthomolekularmedizinischer Zusatzausbildung. Initiatorin des nationalen Programms „Richtig essen von Anfang an“ zur optimalen Ernährung von Schwangeren und Stillenden, aber auch von Klein- und Kleinstkindern.

Lisa Maria Peterlik, MSc

Ernährungswissenschaftlerin mit dem Schwerpunkt ernährungsbezogene Prävention. Projektverantwortliche für die Projekte „Richtig essen von Anfang an“ sowie „Gesunde Kocherei“ in Niederösterreich.

Mag. Petra Ruso

GF ARGEF GmbH, Projektleitung BABYCOUCH, Richtig essen von Anfang an und Frühe Hilfen NÖ Süd u. a. Spezialisierte sich auf Gesundheitsförderung im Setting Familie. Arbeitete früher als Printjournalistin sowie als TV-Produzentin und Moderatorin für eine Gesundheits- und Medizinsendung in Sat 1. Dankbare Mutter von drei Söhnen.

Ariane Hitthaller
Petra Ruso
Bettina Meidlinger

Gut für mich – gut für dich

Richtig essen in der Stillzeit

128 Seiten, durchgehend 4-farbig, Klappenbroschur
EUR 16,90 (A) / 16,40 (D) / sFr 22,50
ISBN 978-3-85175-984-6

Warum ist Muttermilch das Beste für mein Baby? Was tut mir und meinem Baby jetzt gut? Sollte ich auf etwas verzichten? Wie sieht eine ausgewogene Ernährung in der Stillzeit generell aus? Und wie kann ich mich überhaupt gesund ernähren und mir etwas Leckeres kochen, wenn ich doch kaum Zeit dafür habe?

Auf diese und viele andere Fragen erhältst Du in diesem Buch nicht nur fundierte Antworten, sondern auch viele Tipps und Hintergrundinfos für die aufregende Stillzeit. Die über 40 einfachen und leckeren Rezepte sind ganz schnell zuzubereiten, und sie gelingen und schmecken sicher auch dem Papa!

Plus:

- Viele Tipps rund um die Ernährung für Stillende
- Tolle Rezepte inkl. Variationen und Zubereitungstipps
- Spannende Videos
- Wochenplan
- Wissensboxen, Entspannungsübungen u.v.m.